〈越境〉の時代

大衆娯楽映画のなかの「1968」

小野沢稔彦

彩流社

目次

はじめに――大衆文化の可能性を拓《ひら》く

本書はいわゆる「映画批評」論集なのではない。もちろん、本書で取り上げた一本一本の個別な映画作品についての小論が、それぞれの作品の批評的側面を持っていることは確かであるが、本書が目指すものは、振りかぶって言うなら、その映画に内包された〈この時代の課題〉を取り出し、そのことを問い直し、この時代の文化として政治的に見つめ、いまも持続する問いとして正面から思考する試みである。

おそらく〈時代の精神〉は「大衆文化」にこそ深く浸透しているのであり、その時代の課題は大衆文化の裡にこそ内在されてある。しかし、私たちはこうした大衆文化に内包される時代精神に眼を向けることをこれまでしてこなかったのではないか。そこには左翼を含む多くの教養人にとって、大衆文化なるものが、正統な思想世界（なにかこの現実とは別な高みにあるものと信じられた）の重要さに比して、明らかに低位の制度内的思考の表象であるという教養主義的な思い込みが消し難くあったからではないか――河原乞食に身をやつす、といった思い上がったスローガンは一人歩きしていたが。だから、大衆文化の内実の孕む可能性に眼を向けることなく、それを無視し続け、そこにあった大衆文化の革新性を結果として「体制」の裡に囲いこまれることになってしまったのだ。しかし、二十世紀の六〇年代には、まだ生成する多様な自律的大衆文化の成果は存在していたのではないか。その中核として大きな可能性を内包する「大衆娯楽映画」があったことは確かであると思う。毎週、毎週、新たに産み出され、公開されていた大衆娯楽映画群のなかにこそ、体制内に包摂されることのない、今日に至るまで発見されることのない、現実への批判の可能性と方法を持つ映画があり、そうした映画こそが大衆文化を領導し、その中心にあり、そこには現在にまで繋がる豊かで先鋭的な課題が存在しているのではないか。そうした大衆文化の中心たる大衆娯楽映画の裡には、支配的な思想と制度性への抵抗の要件と方法とが内在されてあったのではないのか。おそらく大衆映画こそ、二十世紀の最も支配的な大衆文化の現実的現れであると同時に、それへの抵抗の方法であり、戦場でもあったのだ。だから、この現場を見直すことは、二十一世紀の今日の私たちにとっての課題を見つけることにも繋がるだろう——大衆映画こそ、時代のあらゆる猥雑な諸要件を内包しているのだ。

この、時代の「名作・大作」ではない、日々更新される週替わりの大衆映画を支えたのは、紛れもなく第二次世界大〈戦後〉に映画会社に入った——戦前から映画を作り続けてきた巨匠たちとはその感性と体質においてはっきりと違った——一九四五年八月においては、ついに「戦争」に直接参加することのなかった「小国民」世代の監督たちであったのだ。彼らは戦後、戦争中の前世代の戦中・戦後についての言動を批判的な視点で見ざるをえなかった。そうした「戦後」派監督たちこそが、六〇年代の大衆映画の担い手であった。彼らは五〇年代までの巨匠たちの下での助監督的経験を経て、五〇年代後半から「監督」として一人立ちし、自らの表現活動――それはより強固なものとなりつつある資本主義的「会社」体制のなかでのものである――を開始したのである。その彼らの精神の裡には、おそらく戦前・戦中・戦後をその思考と方法において不変のままに持続して――この国の国体がそうであるように――映画を作り続けてきた巨匠たちが、戦後にはもっと広く普遍的で教養的な(と思われた)ものに映画的対象を展げ、「名作」を作り上げていくことに、その下で働きながら、どこか不信の念を持ち続けたのではないか。彼らは、巨匠たちの、万人に評価される完結した「名作」のなかに小さな違和感を感じとっていたのではないか。はたして、戦前・戦中の映画に比べ、戦後名作は何が、どう変わったのか⁉制度的に作られた「教養」主義を前提とする、万人を納得させる「名作」と、自らの現在のあり様の内包する矛盾に満ちた「私がいま、ここにいる」ことの差異。私のあり様そのものを問い、私を変えることなしに、前世代の巨匠たちのように教養主義的なあるべき理想像を肯定することに問題はないのか。この巨匠たちの姿勢を直線的に引き継ぐことへの圧倒的な違和感。この持続する戦後への問いと、前世代への違和感こそ、実は六〇年代に浮上するこの時代の「大衆文化」を生成したまったく新しい精神ではないのか。このことは、こうした映画を観る者にとっても同じ位相にあったのだ――観る者もまた、不変の「教養主義」に疑いを持ち始めていた。

こうして六〇年代に入って出現する新しい質を持つ大衆文化は、明らかにそれ以前のものとは異質な内実を持っており、もちろん、そうした波のなかで「大衆映画」もまた変革され、いまある映画そのものを問う内実を持つ、そうしたものが多く生まれ出る。自明の映画性を疑う映画。それらの大衆映画は、明らかに六〇年代に入って更新される様々な大衆運動の内実と通底し、それらと同じ質のなにかを内包する。大衆運動の革新は、同時に大衆文化の質をも更新する。しかし、多くの制度的教養主義を疑うことのない者の眼には、そのことは見えなかったのだ。

そして、この六〇年代に出現する新しい内実を持つ映画に眼が向けられなかったことの一つに、巨匠たちの完結する教養主義的映画を評価し続け、映画そのもののあり様を問うことなど、その批評の方法として持つことのなかった共犯的な観客＝批評家の存在もあるのであり、おそらく六〇年代の新しい映画は、それらをも挑発しなければならなかったのだ。そうした視点をも含めて、二十一世紀の今日、六〇年代の多くの可能性を持った大衆映画は改めて見直される必要があるだろう。

戦後という時代そのものの問い直しこそ、政治的には戦後十五年を経て起きた「反安保闘争」に象徴される大衆運動の高揚によって生み出されたものであり、その政治闘争を契機に、やがて「政治」に止まらず「私の生」そのものを問う〈全生活過程の革新〉という課題が浮上することとなる。この問いは、これまで行なわれてきた戦後的思考の問い直しに繋がることになる。こうして、その後のおよそ十年の戦いの時間の蓄積を経て、「六八年的課題」として、様々な時と場所で提出された問題性が集約されることになる——六八年問題は突然に一九六八年に生起したのではなく、六〇年代という戦いの蓄積の上に浮上したのだ。そしてその時間の蓄積のなかには、多くの大衆文化の革新の経験があり、その多様な戦い＝問いが私たちの運動に深く関わってきたのである。大衆文化は映画だけのものではない。そしてそれらの諸経験は相互に影響しあって、六八年的課題を明確にする。

大衆文化運動が問い始めた根底的な課題は、その進行とともに深く大衆文化——本書ではそれは映画に限定するが——のなかに顕われており、それはこれまで自明とされてきた映画そのものを問う試みとして現出する。もちろん、大衆文化には、そして大衆映画もまた、常に体制内化するし、そこには体制の規制の裡に囲いこむ力学が働く。ましてや映画においては資本の意志が圧倒的に強大であり、その意志の旧態依然とした体制の下で現場への強大で直接的な関与があり、そのなかで最も保守化された「制度」そのものともなるだろう——だからこそ、逆に映画は常に最前線の戦場となる。

そういう強制された様式性を持たざるをえない映画の根拠そのものへの問い直しが始まる。映画という方法そのものが問われ始める。そこに明確に「戦前」的な映画試行と「戦後」的なそれとの分岐点がある。大衆文化は時代を作ると同時に時代によって形成されてもいる。だからきわめて「体制」的な桎梏ともなっている。けれどもまた、そこには私たちの「内なる体制」性を疑う視点もはっきりとある。六〇年代の大衆映画の作り手たちは、その「映画そのもの」の根拠を問う視点を意欲的に作品に組み込んでいる。

私は本書で、六〇年代に出現した戦後派映画人の、この映画そのものを問う試行を改めて見つめ直したいと思う。紛れもなく六〇年代の大衆映画には、今日こそ見直すべき映画が多いのだ。私はここで単に個別的映画批評を行うつもりはない。もちろん、映画批評とはなにか、を問う私なりの試行は行っているつもりではある。そのことと本書の問いとは明確に繋がっているのだから。そのうえで私は本書で、映画を通して浮上してくる多くの六八年的課題を、今日の視点で問おうとしているのだ。

この「時代閉塞の現状」に抗し、それに抗って私たちの生成する文化を生み出すための一つの試みが本書である。文化を政治的に、どう見るのか、その問いこそが本書の目指すものである。

六〇年代は巨大な歴史的転形期だったのであり、その集約点・結節点が六八年であった。その六〇年代の歴史的営みのすべて、すなわち政治、文化……を始めとする人間の生の全領域において、その営為のすべての歴史的検証が六八年的情況には行われたのだ。そして私は、その六八年的課題と改めて向き合う作業をここから始めたい。というのも、ここで問い直されたあらゆる課題は、放置されたままに五十年後の今もあり、その課題を見直すことは、戦争へと向かう出口なき二十一世紀の現在にとって、改めてこの歴史的現在を問う根拠を与えてくれるだろう。

「シェイクスピアの天才は、歴史について書く場合に、あらゆる説明的要素や、逸話や、ほとんど物語そのものまでも、取り除いてしまっているという点に現われている。彼が述べるのは空虚な余地が少しもない歴史なのである。歴史上の名前や、史実に対する文字どおりの忠実さなどは、どうでもよい。状況が真実なのだ。……シェイクスピアは歴史を劇化するだけでなく、心理をも劇化し、その大きな断片を見せてくれる。するとそこにはわれわれ自身の姿があるというわけだ。」

（ヤン・コット『シェイクスピアはわれらの同時代人』蜂谷昭雄・貴志哲雄訳）

ヤン・コットのこの書が、この国で翻訳・出版されたのは実に「一九六八年」なのである。私はこの書の出版と同時に読んだのだが、十六～十七世紀の古典をこのように〈読む〉ことが可能なのだということに大いに刺激されたものである。思えば、六〇年代という時代は、日本の多くの詩人・思想家の刺激的な仕事が次々と生み出された時代であり、さらに私たちの思考の方法そのものを問うための重要な契機となった各国の様々な刺激的な著作も次々と翻訳され出版された時代であったのだ。

それらの挑発的な問題著作は今日も「われらの同時代」の著書として私たちを刺激し続けている。このことに改めて眼を向けたい。そして、本書を書く直接の契機のひとつに、Ｅ・サイードの方法、特に『文化と帝国主義』の方法に倣っていることがあることは確かである。Ｅ・サイードもまた、われらの同時代人の一人であるだろう。

そして私は改めて思う。六〇年代の多くの「大衆娯楽映画」もまた「われらの同時代」の映画としてあることに眼を向けたい、と。

第一章
愛は国家を刺し貫くか

女が男社会を突き崩す——
浅丘ルリ子の『執炎』
（監督・蔵原惟繕）

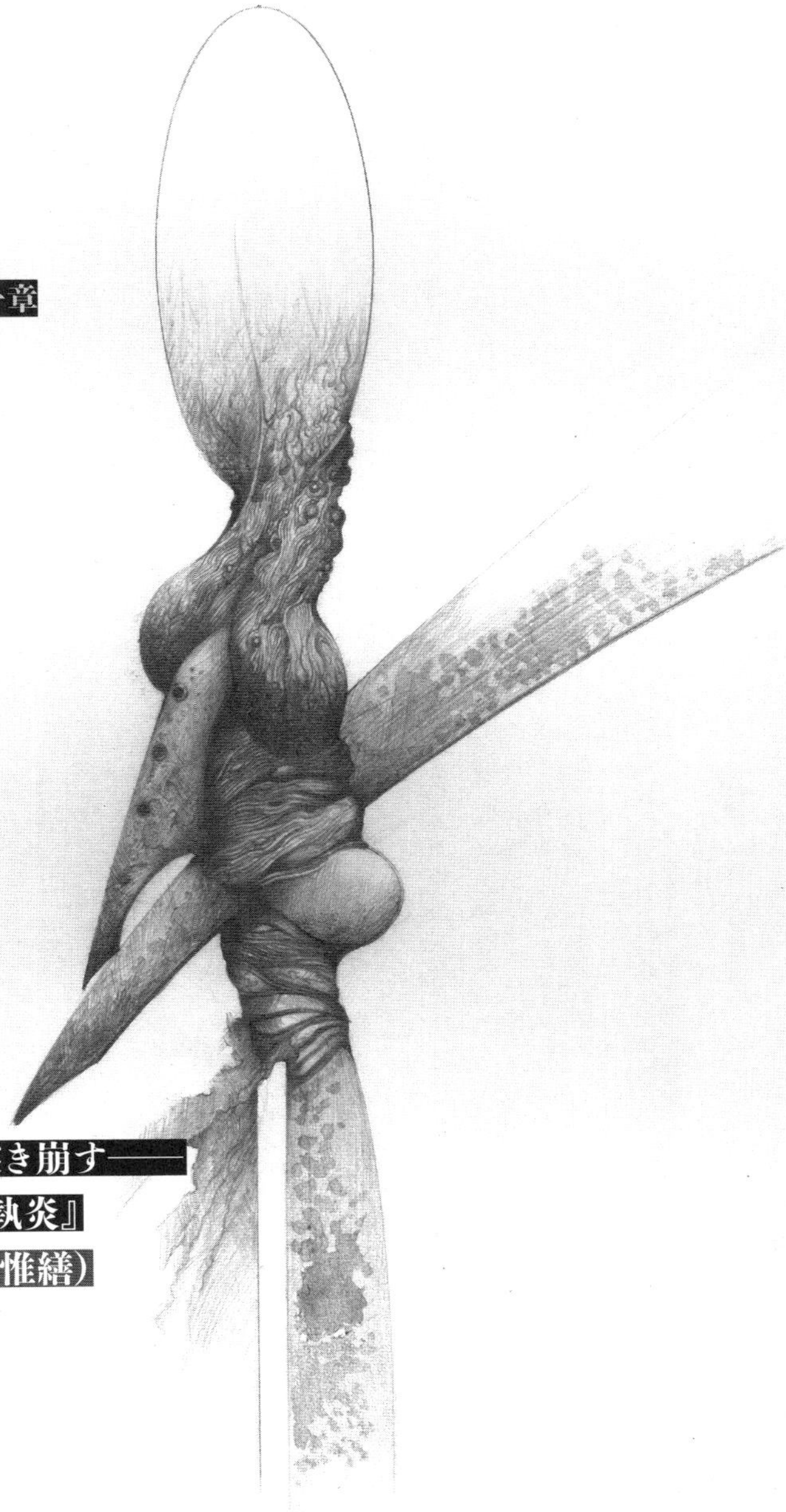

成長を忘れた少女の臆病な目が雨に濡れて怯えている……
見知らぬ人の明るさが五月の陰気な雨に震動して声は生き生きと身を置いて韻律に入り込む
その年はじめての「詩」の空白に小鳥たちがさざめき、母の死を生きる道理に換えて私の業は
伸張し生き延びた
以来書かれたことのなかった筋書きに未熟な運命はうわ言のように年月をつぶやき、庭木の繁
殖力そのままに根を張り生き延びた……
その年、花吹雪舞う都市の大通りは生きる道理を「正しいことをしている」言葉に埋め尽くさ
れる、報復と歓喜の勝利の旗が振られた
怒声に歓声、口真似にすぎないかけ声は夜を貫き、夜の縁《へり》が巻き上がり、その時代の先へ越境
する鬩が取り払われていった
映し出された円形広場の底に行き場を失った人々が列をなして詰め込まれる、私の名も押し込
まれた……

だからその年はたくさんの私の顔に馴れることが必要な年だった、私は馴れた、あれからずいぶんと時間はたって短命な太陽も過ぎた……

（倉田比羽子『世界の優しい無関心』）

この『執炎』という映画については、その検討に入る以前にいくつかのことを確認しておきたい。勿論、このことはこれまでなかった映画の革新について、確実に関わることであり、そこで生み出された新しい要素をもとに映画もまた新しくなったのであり、そのことは取りも直さずそれまであった旧来の映画が目を向けることなく守ってきた〈映画なるもの〉への批判として、改めて映画の革新者によって眼を向けられたことであるのだ。

その第一点は、それまでの映画の総てが監督の独善的視点――勿論、その前提としてのシナリオという固定的な物語主義がある――によって、映画が作られてきたことへの反省である。そのことの具体性は〈役者〉という劇それ事態を成立させる運動する存在性――それが劇そのものを構成する――への注目である。なぜなら、映画が監督の独善的視点にある時、役者とは、すなわち監督の持ち駒にすぎず、役者それ自体が一人立ちし、自身の存在性そのものによって演ずる者を生成し、監督の独善を超えて映像のイメージを更新することはない。そして監督の想念の裡ですべては安定し完結する。しかし、新しい生身の役者の存在性がイメージを生成する時、劇の実話性を破って劇そのものが流動化し、限定化されたそれを越えて活性化する。例を出しておこう――J＝L・ゴダールの出世作『勝手にしやがれ』において、J＝P・ベルモンドとジーン・セバーグがいなかったら、更にはラウール・クタールのカメラがなかったらこのヌーベル・ヴァーグの先鋭な作品は決して生まれることはなかったろう。役者の存在性＝身体性そのものが映画を作り出したのである。溌剌とした二人の運動性はストーリーを超えた時代精神を映画に加えた。そしてこのことは日本についても言えることであり、私が本書で検証している映画の「六八年」の意味とは、紛れもなく固定的な監督の独善主義を超えて、映画の生成過程のなかに多様な新しい要素を映像的に導入することによって、どう映画が革新されてあるかの検討なのであり、このことこそが「物語主義」に完結しない作家の映画なのだ。映画は物語ではない。

だからここでは、まず役者、特に主演女優のことを考えることから始めたい。なぜなら女優が、彼女独自の存在性を、その存在性そのものとしてイメージに定着することは、それまであった時代と状況の位相とは別の、世界に対する新しい視点を拓くことであるのだから。次いで、この映画についても、ロケーションについて書いておきたい。ともすると、ロケーションと実像とは直結していて、ロケーションとは創り出されたイメージそのものなのだ、とは見なされなかったのだが、六〇年代以降の映画は、ロケーションがすなわちイメージであることを明確に意識した上で映画が作られる時代となったのであり、この映画はその最初の試みの一つであると言える。

そして細部の構成の革新性、そのイメージ生成の新しさこそが映画への問い直し——それは、私たちの思考様式の問い直しだ——の重要な部分を占めていることを書く。その上で、改めて映画そのものの検証に入ることとする。なぜなら、この映画こそ、そうした様々な試行によって、映画そのものの革新をも行っているのだから。

新しい女優の誕生について

一九六〇年代以前の日本映画の女性像は決定的に「男」性によって観られる存在であるか、あるいは男社会が作った「女」というイメージのなかにある存在であって、女性から異性を視る、あるいは女性の存在それ自体によって男性性とその社会を変革する映画はなかったと言ってよい。女のイメージは常に男が作り出し、女が自立して自らであることを選ぶことなどなかったのだ。だから、これまでこの国の映画に登場する女はどこまでも男性監督の視点のなかで作られた女たちの物語の一つのキャラクターとしてあっただろう。そのことは、女が中心となる女の物語とは関係なくそうなのだ。たとえ、女中心の映画であっても、そこで生きる女のイメージは男がイメージした女なのであって、男の観念の裡にある女のイメージなのであった。男たちは、その自明の女性像を疑ったことはなかったし、女たちもまた、その男性のイメージした女性像が、女の現実であるのだと思ってきた。多くの男性監督のイメージのなかで育まれた女たちの物語は、一人歩きし、そうしたイメージが女性性であることをさらに増殖し続けてきた。だからどんなに主役としての〈女優〉が、その存在を誇ったとしても、そのこととは無縁に、映画のなかの女は、常に男がイメージした女性像を、男たちに認知された女優が演ずるものであった。そして、そのことに女優自身も気付くことはなかったし、むしろその男のイメージによる女のイメージが女があるべき存在性であると思って、そうなろうと演じ、同時に観客である女性もまた——男の観客がそうであるように——そのイメージが女なのだと信じてきた。

そしてそのことは、敗戦によっても変わることはなかったし、むしろ再び強い男社会の再出現と共に強まったのである。そのことがようやく戦争と戦後との再検証がなされ始める六〇年代に入って、その自明の女性イメージへの根底的な問い直しがその過程で提起され、女が男を視る新しい視点の確立と共に、旧来の女という存在性のイメージへの疑いと、女によって、その女性性の媒介により、固定的で確固とした存在性の改変がなされる男性性が登場する映画が生まれ始めるのである。そうしたこともまた、六八年変革の重要な要素なのだが、私はこのことと〈女優〉という存在のあり方との関係も小さなことではない、と思う。というのも、どんなに男によって視られる女を演じても、そのイメージのあり様に止まることなく自立し、その独自な存在性を誇り、その視る男をも視てしまう、それまでまったく存在しなかった女優が、ようやく五〇年代後半から生まれ、その女優の存在性によって、どんなジャンルの映画においても、その映画そのものが規定されてしまうという、そういう今日的な女優が生まれることで、その女性性が映画を規定していく、そんな映画と女優との関係性が生まれてきたのである。

このことを何人かの女優とその内実について見てみよう。例えば、原節子——私はこれまでの日本の女優のなかで最も美しい女優だと思う。しかし、彼女はどこまでいっても、スクリーンにおいては小津安二郎の、あるいは成瀬巳喜男の××子(役者名)なのであって、そこにあった映画が原節子の映画だとは言えないだろう。同じことは、例えば高峰秀子——私は日本の女優のなかで、最も器用で、どんな役も紛れもなく高峰秀子でなければならないものとしてその役を演じることのできる稀有な女優だと思う——、しかし、映画のなかに私たちが観るのは高峰秀子の××役ではなく、木下恵介の××役であり、時々の監督の××役の高峰秀子であって、高峰秀子の映画ではないだろう。あえてことわっておくが、私は原節子も高峰秀子も日本映画史上の最高の女優たちだと思うけれど、やはりその映画は男によって作られた、男たちのイメージが生んだ、男によって視られる女ではなかったのか。

そして五〇年代後半から、日本映画に初めて女優それ自身の存在性によって自己を表出し、そのことによって女優を演ずる女優、女が男に視られる、男のイメージの女を超えた自律した女の存在性を身体性として持つ、女が男を主導する、そうした女優と映画が生まれるのであり、そうした女優の一人が浅丘ルリ子であり、また若尾文子であることを言っておこう。そしてこの二人は、共に六〇年代に入ってきわめて印象的な〈反戦映画〉を、その存在性によって紡ぎ出すのだが、戦争映画もまた、それまでは男性映画として製作され、そこに登場する女たち、そして女優たちは、男の戦争観のなかのイメージの女であって、常に泣かされる、あるいは泣く存在でしかなかったのである。つまり徹底した受け身の存在——外から来る戦争という外圧に耐え、運命に翻弄される——でしかなかったのだ。

当然のことながら、この戦後的精神と身体性を持った戦後的女優の存在——戦前から女優として大成し、戦後もそうであり続けた女優とは明らかに一線を画し、そのあり様それ自体によって明確に違って——は、その映画の製作に当たった監督を始めとする関係者の戦争への向き合い方の変化そのものとも通底し、また、その存在性そのものが、映画製作の方向そのものを改変するのである。つまり、そこには戦前性を引きずる映画そのものへの問いがあり、その映画の問いのなかに役者とはなにものなのか——監督の手の裡の駒という捉え方への疑問——、という問いがあり、その問いと新しい女優と新しい映画の誕生とは位相を同じくすることは言をまたない。つまり、敗戦による真に新しい映画への問いの開始は、直接に敗戦時に成人であった者によってではなく、敗戦を〈小さな大人〉として経験し、戦後における大人たちの変わらなさを、その感性の基底で感じていた戦後派の登場と共に、ようやく六〇年代に入って改めて提起され、その波のなかに新しい役者たち、特に女優たちがいたのである。

私は本書のなかで、六八年問題を今一度問い直す作業を行っているのだが、この、真に戦後派の内実を持つ女優たちの切り拓いた地平の意味もまた、改めて問い直したいと思っている。そして多分、女優たちが戦後的輝きを持った初めが、六〇年代の大衆＝商業映画においてであることを確認しておきたい。その上で、この新しい存在性を持つ女優たちによって演じられた女——自立し、男に依存することのない——たちの存在こそは、おそらく日本映画にそれまで登場することのなかった女の存在であり、真の意味での女性映画の出発であることを強調しておきたい。これまで日本の女をめぐる映画は、男によってイメージされた女であると同時に、女が自立して彼女自身の思考を持ち独自に行動することはなかったのだが、この六〇年代に初めて女自身の思想と行動によって、抑圧的である男社会が女に強制してきた女イメージを突破し、そうあるしかない現実の女が生成し、女としての独自の行動を通して、男社会そのもののあり様を批判的に表象する映画の一本として、これから読み解く映画はあるだろう。

勿論、戦後民主主義映画のなかには自立した女を描いたものは少なくはないが、それが国家をまで刺し貫くものであったかどうかは疑問である。そこにあるのは、いわゆる「肝っ玉お母ァ」である映画であり、その愛が、子を、家族を守るという自明性のものであって、どこまでも「家族」間にその愛は収斂される。愛に生きる女が、男を超えて男社会の全体と向き合う炎の女となることなど、これまでの日本映画は生み出し得なかった。ここで一つの例を出しておこう。現在もなお、巷間、「反戦映画」か「体制的翼賛映画」かと問題とされる木下恵介が戦前に作った『陸軍』であるが、結局この映画のヒロインである田中絹代の母親は、どこまでも「家族」の裡にあって——国家の裡に組み込まれた家族のイメージは問われることなく——、その裡での「母親」——それはどこまでも自明とされる母親の姿である——を演じているのであって、本能として母親が持つ子への愛の表象であり、制度的な家族やその裡にある母親像が問われることはないし、「国家」と対峙するものではないことを見ておきたい。もちろん、この陸軍省の宣伝映画においては、そのことを問うことなどできないのだが、作る側も、そして今日においてこの映画を評論する者もまた、旧来の家族関係や母親像そのものが、戦争を作り出したことへの根底的な批判――家族と母親イメージへの問い――を行うことはしないのだ。ただ戦争はイヤだ、という気分のみはあるのだが、国家はそうした気分をも呑み込んで戦争を作り出すのだ。制度的な母親と子供イメージという枠内での「情緒」(既成の体制の擁護)のみによって『陸軍』のラストシーンは作られているのであって、そこには戦争を遂行する国家を見つめる視点があるわけではない。これこそ、メロドラマなのである。そして、日本の戦争はメロドラマに支えられている。

しかし、『執炎』においては、女は男たちの保守性、国家へと帰属しようとする習性、つまり男性性とは別な新しい生き方を切り拓くだろう。そして男を先導して、これまである国家とは別な世界を展望することになる。それが六〇年代に初めて生まれた、日本の女性映画なのである。

そして、戦前から連続する映画とは違う、運動性を持った戦後映画を彩る女優のなかでも抜きん出て鮮やかな印象を残す女優の一人に浅丘ルリ子がいる。彼女こそ、それまでの女優と違って監督の観念によって作られる戦前型の女優を超えて、彼女自身のぬきさしならない存在性がそれぞれの役柄を形成する運動する身体性を独自に生き、その身体性に依拠した性を表出する真の戦後的女優なのである。おそらく六〇年代に入って日本映画が大きく変貌した根拠の一つに、こうした戦後に初めて女優としての歩みを始めた、浅丘ルリ子のような存在があること――教育勅語を知らない――は間違いない。彼女たちは「国体」によって身体性を縛られてはいないのだ。少なくとも「国体」を絶対的なものとする身心形成社会とは無縁であって、ともあれ「民主主義」を建て前とする、ある自由な雰囲気のなかに自己形成を遂げたのである。浅丘ルリ子という自由で特権的な映画スターが、この国の「戦後」映画に与えた影響は小さくはない。彼女はその存在性によって、戦後映画を規定し、戦前・戦後を連続する映画——そしてそれを撮った監督たちとそこに出演した役者たちが作った——、映画そものを疑うことのない映画とは別な、映画そのものと向き合う内実を持つ映画として、その新しい波を内包した映画はあり、新しい女優たちはそこに独自な光彩を与え、私たちにとっての〈この時代〉を鮮やかに浮かび上らせた。浅丘ルリ子という「女優」の代表作——浅丘ルリ子映画出演百本記念作品と銘打たれた——に目を向け、彼女の〈存在性〉がどんな映画を作り上げたのかに目を向けてみたい——多くの可能性を持つにも関わらす残念ながらこの作品が論じられることは少ない。もちろん、この映画に関しては多くの好意的映画評があるのだが、この映画が決定的にそれまでの映画を超えるものであることには、眼を向けてはいない。しかし、この映画が問おうとしたことは、とりも直さず〈戦後〉という時代、そして現代とその課題とを炙り出すだろう。

浅丘ルリ子については、旧満州の高級官僚の四人姉妹の次女として生まれ、やがて東南アジアの日本占領地のなかで、表面上最も親日的といわれたタイのバンコクで、東南アジア統治工作の中枢にあった父親と共にそこでくらし、敗戦と共に一年間の抑留生活を送った後に五歳で日本に帰国し、以後東京・神田を中心に敗戦国の日本人としての小・中学校生活を送っていた——そのくらしぶりは戦前の特権的生活ではない。こうした彼女の生の軌跡が、どうそのキャラクターに影響したかは直接的には判らないが、要は彼女が〈戦後〉の人間であって、戦後という時間のなかで生を紡いだことだ――「国体」の拘束のなかでその心身を形成したのではないことを確認しておこう。特に彼女のこの軌跡のなかで、一年間のバンコクでの抑留生活が、それまでの暮らしとはまったく別世界のものであり、自由なものであったと彼女自身言っているが(浅丘ルリ子『私は女優』)、この「国家」の拘束とそこに規定された「身分」制からの離脱は、彼女の経験にとって重要なものだっただろうことを強調しておく。

ここで取り上げる浅丘ルリ子の映画は『執炎』(監督・蔵原惟繕/原作・加茂菖子/脚本・山月信夫)であり、この映画はきわめて特異な、紛れもなく浅丘ルリ子の存在性によって規定された、〈戦争と国家〉をめぐる反戦＝反国家映画なのである。これまで我が国の戦争をめぐる表象(映画だけでなく様々なジャンルの表現)の多くは、男の視点に立って、主に軍隊をめぐる戦闘・戦場シーンを問題とすることを目的としてきた。そしてそのことを当然のこととしていた。観る者もまた、戦争映画とはリアルな戦闘場面の再現を自明のものとしており、戦闘シーンのない戦争映画など考えもしなかった。だから戦争映画は、常にその戦闘シーンの自明のリアルさだけが問題とされていたけれど、近代戦の時代――総力戦下――においては全ゆる地点で、全ゆる情況で、老若男女子供とを問われず「国民国家」に帰属する全ての「国民」が戦争情況に動員されており、全ての人々の生の細部までが戦争へと駆動されているのである。したがって人々の「日常」のなかで、戦争がどう人々を拘束しているかを描いて、戦争へ抗する方法を模索することは、実は大文字の戦争そのものの根柢を問う重要な視点であるはずである。けれども、そうした映画はこの国では作られることはない。そのことは確かに、商業映画的には映画的見栄え(アクションの派手さ)のこともあると同時に、実は戦時下における一人ひとりの現実の人間を演じることのできる役者が存在しなかったことに起因する。そしてまた、作る者はそうした一人ひとりの生活する人間存在など、目を向けることもなかったからである。

その上で、この国の戦争映画――市民生活を描いたもの――の日常描写は、敗戦以後の被害者観に立っての、戦争の実態については何も知らなかったという総懺悔観により、一方的被害者意識映画が多く産み出されるしかなかったのだ。そして、この表面的な平穏の市民生活そのものが実は、加害的生活・戦争加担生活としてあったことなど、問うこともなかったのだ。

そしてまた、この国の戦争をめぐる映画はなぜか、軍隊とその内部における残酷さや戦場の不条理、指揮系統の無責任さ――侵略地の人々の生と死に関して無視していることはもとより――などを描くことをもって「戦争映画」と思い込んできたのである。特に被占領地の全ての面での無視は、良心的反戦争映画から見世物的な大衆映画に至るまで蔓延しており「敵地」の人々の情況は端から排除され、良心的反戦映画になればなるほど、日本軍の内部の酷さを描くことをもって、その良心度を誇っていたのだ。そして、軍隊の残酷さや戦地での日本軍内部の悲惨さを回顧すればそれで戦争を表象したという、自らの戦争責任を問うことを放棄した戦中派の「戦後」的発想とはまったく別な地平に、この浅丘ルリ子映画はあることをまず言っておく。これほど徹底して自らの――私たち一人ひとりの――責任問題を問いつめた作品は、それほどに多くはない。

ここで取り上げる『執炎』は――若尾文子主演の増村保造の撮った『清作の妻』（脚本・新藤兼人）と並んで――戦場シーンも戦闘シーンも一切出ることのない、徹底的に〈女〉の視点から戦争を批判的に（図式的にではなく）描き切った（イデオロギー的にではない）〈反戦映画〉の傑作なのである。ここにあるのは、単なる叙情――日本の女性をめぐる戦争映画はメロドラマとして、一切を水に流すノスタルジックなものである――を超えて、厳しく硬質で怜悧な〈叙情〉性であり、その豊かな内実は、まさに浅丘ルリ子の存在性ならではのものなのである。

そして『清作の妻』についても簡単にコメントを加えておこう。まず、若尾文子という、まさに戦後派女優の一人が、多くの戦後的大衆映画――特に増村保造と組んだ諸作品――を、それまでの映画とは決定的に違った新しさを持って、映画として駆動させた根拠の一つが、若尾文子という存在性によっていることはいくら強調してもしすぎることはない（若尾と増村のコンビには『赤い天使』という戦争映画の傑作もある）。『清作の妻』においては、村の期待を背負った国家主義一辺倒の青年と出会い相互に愛し合うことになる、正統な村落共同体員から徹底的に唾棄される周縁的存在の女（若尾）が、戦争のなかで負傷して帰ったその模範青年を介護し、負傷を癒すのだが、再び青年は戦地へと狩り出されることとなる。共同体員全てのその出征祝いの夜、女は青年の目を刺し失明させる。その「犯罪」によって獄に捕捉された女は、出所後、青年を共同体とは別のところで黙々と支え続け、二人だけの生活を続ける。やがてその女の愛の真実に目覚めた国家主義者たる青年は、初めて〈反国家〉の意志を持って、二人だけの生活を貫くのだ。ここでは『執炎』とは違って意識的な「犯罪」が女と男との二人だけの愛を貫く媒介であり、そのことを通して反国家の意思が明確化される。この国家と真っ向から向き合う反戦映画が、共に真の戦後派女優によって担われていることに眼を向けたい。

『執炎』における(『清作の妻』においても)女の視点、すなわち男を真っすぐに視ることと、共同体とその先にある国家を視る視点が、その生の過程のなかで女が独自に見つけ出す生き方そのものとして身体化されており、そこには明らかに男女の〈愛〉を貫くためには〈反国家〉という根源的な試行を貫くこと以外ないという、具体的な行動性の発見であり実践なのである。女と男との裸の〈愛〉の実践の運動だけが、幻想の共同性である「国家」と真っ向から向き合うことができ、究極の抵抗の現実となるのだ。では映画を検証することにしよう。

ロケーションについて――余部鉄橋

この映画が独自に作りだしたいくつかの映像的到達点について見てみよう。なぜなら、映画を作り出すイメージ＝映像こそが、「物語」の進行を仕立てるドラマ的酵素とはまったく別の、映画でしかありえない表現、映像それ自体が劇そのものを構成する最大の映画的要素の中心なのであり、この映画が創り出した優れたイメージの積み重ねによってこそ、映画は映画となるのだ。ここには明らかに、物語中心主義ではない、映像＝イメージの力によって映画を構成しようとする意志が現出している。ある時点――多分、映画が音声を持ったことによって――から、映画は「劇」であることが自明のこととなって、長い間そのことが疑われることはなかった。六〇年代に入ってようやくそのことは先進的映画作家たちによって、映画そのものの検証として試行され始めたが、このことは旧来の映画＝ストーリー主義を超えて、映像そのものによって、映画を生成しようとする――このことは映画の原点である――本来の映画そのものを取りもどす志向となったのだ。映画は芝居のコピーではないのだ。それにしても、この『執炎』における「余部鉄橋」という〈橋〉の重層的で多様なイメージは見事にこの映画そのものの内実を表象している。ここには、映画にとってのロケーション、ここにある現場を撮ることによって映画の内実をイメージするというロケーションの意味が明確に発見され、〈橋〉はある想像的意味性に見事に変換させているのである。ロケーションとはその場所であるけれども、その場所ではないのだ。映画の作り手たちによって虚構されたイメージの世界であって、橋は余部鉄橋ではなく、映画の象徴的場所であると共に、創造された幻想のどこにもない世界のメタファーなのである。そしてこの作り手たちによって創作されたこの場所（時間をもあわせ持つ）は、映画全体を覆い、観客である私たちに深い想念のイメージを喚起する。おそらく映画という表象体系が、他の、例えば文学や演劇とはまったく別の独自な表象世界を持っているのは、このワンカット、ワンカットの表出する直接的なイメージが提起する表現様式によってであり、さらにはその幾層ものモンタージュによって生み出される重層的な映像世界によってなのである。そのことはこの余部鉄橋のロケーションに見事に表象されているのだ。昨今、誰でもが撮ることのできるデジタル映像の普及によって、ロケーションとはただ単に眼前にある、眼に見える光景でしかなくなっているが――そして誰もそのことを疑うことなく、自明のことだと思い込んでいる――ロケーションとは、あくまでも眼に見えるその現実の場所の謂ではなく、そこにまったく別の幻想の何かを視ようとする想像世界の力なのであって、映画のイメージとして創り出された虚構のイメージなのであり、そのモノの背後に別な世界を視つけ出す力こそが映画の内実を左右するのだ。だからこそ、映画とはロケーションを構成する想像力によっていることを強調せねばならない。

もう一度、言っておこう。この映画での、この橋は余部鉄橋ではないのである。この橋は、この『執炎』という映画が作り出したこの映画の全ての関係性――それは人と人、人と自然、人と国家……――を〈架橋し〉、あるいは〈断絶する〉深い象徴性を帯びた媒介なのである。つまり『執炎』という映画は、この〈橋〉を映像化することによって『執炎』という映画になったのである。

映画という表現形式は、どうしてもその場所と、その現実そのものを映し出すメディアであるけれど、そのメディア性の特質によって、その映し出されたイメージが否応なく現実を規定し画面を領有してしまう。しかし、そこに安住する限り、映画は旧来の映画を超えることはできない。映画的試行の始まりは、そのことを問うことに始まる。

さて、映画の現実のロケーションの地は、山陰線の「余部鉄橋」とその近辺である。ただここでの余部鉄橋は、「あまるべてっきょう」とはまったく別なイメージのなかの、神話的時間と現実の時間、神話的空間と現実のこの国、近代と反近代、彼岸と此岸、さらには戦地とこの地、女と男……を架橋する象徴としてあり――勿論、架橋とは一方で断絶をも含意する――、この映画の〈出来事〉、つまり映画的アクションの全ては、この〈橋〉を媒介として生起する。そこで演じられる最も決定的で美しく、かつ悲劇的なシーンは、例えば〈女と男〉とが結ばれる絶対の場所であり、男が死出の旅＝出征のシーンや遺骨が帰還する場所であり、なによりも〈女〉がその記憶を回復するシーンなどで象徴的な場所となるだろう。ここには、女の身体に記憶された全ての歴史――神話的時間から現代の国家の強いる戦争の現実まで――が貯蔵されたアレゴリーの表象の場なのである。ここでは女は、たとえば列車の轟音によって強制される国家意志に耐えるために、両耳を塞ぎ現実と断絶しようとするだろう。このようにここでの女の所作の全ては、女の身体に内蔵された記憶とどう向き合うのかの歴史的社会的身振りとしてあるのだ。だからこそ橋は媒介なのだ。

西陽のなかの橋が白黒画面の様々に変化する美しさのなかで千変万化するかのようにイメージ豊かに捉えられる時（撮影は間宮義雄であり実に見事である）、監督・蔵原がこの映画に込めた想い、女の愛の現実が鮮やかに映像化される。「ロケ撮影に使われた山陰本線の〈余部鉄橋〉が忘れられない。……画面いっぱいに蔵原さんの卓越した映像感覚と演出効果が強くみなぎっていた。」（浅丘ルリ子『私は女優』より）。蔵原の想いに応えたルリ子の美しさは、まさに国家の意志を超えて国家なき世界を生きる愛の始原性をそこに垣間見せてくれる――浅丘ルリ子は神話的世界が現実に突出した巫女となる。

なお、ロケーションについては次のことも付け加えておこう。女の生地である平家の落人部落は越中五箇山の菅沼合掌造り集落であり、その恋人の生まれた海の部落は石川県輪島であり、福井県の越前海岸(女が身を投げる場所)などが状況に合わせて使われており――女と男の村落は劇の設定上はきわめて近い場所である――いわばこの映画のロケーションはこの国のいくつかの村落のイメージを集めた、どこにもないどこか、のロケーションであることを言っておく。

「赤紙配達人」という表象について

私たちはこれまで多くの「戦争映画」が最も民衆に近い国家権力の先兵として、時には郵便局員、時には役場の小役人としてある「赤紙＝召集令状」配達人――その存在は同時に「戦死通知」配達人でもある――の存在を描き続けてきたのだが、実はその存在をどう描くかはその映画の「国家」観の表出であり、国家そのものの表象としてあり、赤紙配達人の表象がすなわち、戦争と国家と民衆との関係性の、その映画にとっての具体的表出であることを考えてみたいと思う。そして、六〇年代以前の映画の表象はきわめて画一的なものであり、こうした些末な事実にこそ、国家が現象していることに眼を向けてはいなかったのだ。勿論、そのことだけで幻想の共同体たる国家を表象することは不可能である。そこで映画は映画の内実に則して、国家のイメージをある形象をもった「召集令状」の配達人の造形によって、共同幻想性のある側面をイメージ化しようとしてきた。だからそれぞれの戦争映画はそれぞれの配達人を造形することで、その映画なりの国家イメージを紡ぎ出そうとしてきた(多くの劣悪な映画ほど、こうした細部に神経を使ってはいない)。まさに「赤紙配達人」の造形は国家に対して意識的な映画になればなるほど、きわめて重層的なイメージを持って描かれることとなる。六〇年代映画の新しさは、細部と思われていたことに眼を向け、そのことをどう表象するかを思考したことにある。

この『執炎』では、宇野重吉によって演ぜられる「赤紙配達人」は、まさに能芝居(この映画でも象徴的シーンとして使われている)の幽鬼のように、実在しているのかいないのか、その存在感のないあり様が、実に人々にその時々の人々の心象——戦争開始時には民衆の熱狂のなかに紛れ込み、戦争の進行と共に民衆から恐れられ疫病神のように見られる——を様々に映し出す民衆の心象のスクリーンのごとき存在として、その実在感のない幽鬼のごときあり様として、国家というものが民衆の心性そのものであることを如実に示していて、まことに見事に戦争と民衆との関係、戦争と国家と民衆の現実を表象しており、この宇野重吉の「赤紙配達人」の演出は見事である。そして女をやがて死へと追い込むのは、単に戦争という現象だけでなく、その心象を配達人に反映させ続ける民衆が形成する国家というトータルな幻想体系なのであるということを浮上させる。

このことは、浅丘ルリ子の女が、男の死を知って狂気=鬼女となって村落を彷徨う途中に、長い

「隧道」(死への時間の象徴としての)で配達人と出会い、その闇と光の明滅のなかに、配達人が女の狂気性に圧倒され、逃げ出す印象的なシーンに見事に現出する。おそらくこの幽鬼のごとき配達人の存在性の無さこそ、表面的にはどこにも権力性を具現しないかに見える国家の本質でもあり、同時に狂気の女の絶対的存在性は、男を死なせた国家と向き合う人民の抵抗の原初形態なのではなかろうか。この映画において、唯一、国家的なる現象が民衆の抗う力によって逃亡するシーンである。この能表現を想わせる——実際に能面を付けた鬼女＝狂女が能を演ずるシーンもある——その舞台的効果を共に、国家とそれに対抗する一人の女の実存＝執炎の強さの表象として、この優れた映画のシーンのなかでも特筆すべきイメージとなっている。こうしたイメージが幾重にもちりばめられているがゆえに、この映画は実に優れた反国家＝女性映画となっているのだ。

ところでこの「赤紙配達人」が他の映画でどう描かれたきたか——優れた映画とはどういうことかがわかる——を以下、他に二本の映画について簡単に見てみたい。この配達人の表象はその映画の「国家と戦争」についての表象を端的に表現しているのである。

まず大島渚の『飼育』における戸浦六宏の配達人。彼は名誉の負傷をしたことから、配達人に採りたてられ国家の末端役人になるのだが、その国家意志を時に居丈高に、時に村民に阿って様々に持て遊ぶかのように、国家意志そのものの政治方向さえ指示しながら、結局一切の責任を負うことのない無責任な国家イメージを演ずるのだ。日本という国家の実体そのもののようなこの配達人は、大島渚という突出した映画監督の国家イメージの現実性を表象した特筆すべき赤紙配達人となっている。

そして橋本忍が撮った(脚本も)『私は貝になりたい』に登場する加東大介演ずる村の郵便局員である赤紙配達人。この映画はまったく理不尽のなかに——この国の支配階級のスケープゴートにさせられた——C級戦犯者として米兵殺害容疑によって処刑される日本の「庶民」たるフランキー堺が、戦争とは無縁と思われている四国の海辺の村で、床屋として平穏のうちに生きていたところに赤紙がもたらされる、その配達人が、加東の郵便局員である。その一枚の赤紙と村民一同の歓呼の声に贈られ軍隊に赴いたままに、彼はついに村にもどることなく、敗戦後、死刑となる。この間、赤紙配達人は、その後も何度も戦犯容疑者であるフランキーの手紙などを、その人の良さに包み込んで配達し続ける。ここには最悪の軍上層部と、まったく現実を見ない米軍将校の現実の姿が一方にあり、一方に村民を中心とする絶対的な「無垢」と言って良いほどの「良き人々」がいる。わけても加東の配達人は実に良き人であるのだ。しかし、このような良き人々の総和のなかに戦争はあり、その良き存在こそがフランキーのまったく無意味な「死」を招来しているのであろう。

これら宇野重吉の、戸浦六宏の、そして加東大介の三様な——それぞれ映画のストーリー上では単なるバイプレイヤーでしかない——赤紙配達人を戦争と国家をめぐるトータルな表象として見直す時、ここには確かに「国家」という幻想の体系のある具体的イメージが表出されていることに気づく。そして、こうした細部に関わる演出こそが、映画を映画たらしめていることを、改めてこの映画の宇野重吉の赤紙配達人のイメージに見ることができる。こうした赤紙配達人の表象などという細部について、五〇年代までの映画においてはまったく意識されることはなかった。すなわち、どんな映画においても赤紙の配達人の表象など、ただ事実的で即物的なそれであって、そこに「国家」の影の現象など見ることはなかったのだ。しかし、六〇年代の大衆映画はそうした細部にこそ、国家の現象が現われてあることを発見し、それぞれの作品の位相に即するなかで、紛れもなく国家の現象を問うことを行い始めたのである。

こうした「赤紙配達人」の表象という細部一つにおいても、この時代が提起した時代の表象の新しさの顕われであるのだ。戦争とは、私たちの生活するあらゆる地平で戦争体制を形成し、どんな小さな事実のなかにも忍び込んでいる。

蒸気機関車の驀進と敗戦後七年目の「現在」

映画の冒頭は蒸気機関車の驀進である。カメラは空撮によって列車を捉え、それが地上から聳え立つ鉄橋を轟音と共に驀進する機関車が正面から捉えられる。この鉄橋を驀進する蒸気機関車は、この映画では何度も映画の重要な結節点においてくり返し表象される。この映画においては、あの「赤紙配達人」が国家という幻想の共同体のある人格的イメージの表象であるとすると、この蒸気機関車は「国家」あるいは「権力」の「力」そのもののメタファーとして、人々を強制する。そして機関車は時々に、何度も現れて人々を圧倒し、その平穏な日常を侵犯し、国家意志のなかに動員するだろう。特に映画の中心人物たる女と男とは、その列車の驀進のなかで、初めての抱擁を行い愛を確認することになると同時に、列車によって軍隊に拉致され、やがて「死」をも招来することになる。列車の進行と共に二人はその生と死の過程を歩むのである。やがて男の死によって記憶を失った女は、男を戦場へと送った列車の驀進の轟音のなかで、記憶を取りもどし、自らに死を与えることとなる。常に二人の愛の関係性の側には、列車の驀進があり、まったく世間的関係とは別に愛は自立してあるかのように見えるのだが、実は二人の関係の行方は列車の驀進によって方向付けられている。

だからこの二人は常に――その轟音がなにを意味するかを直感的に感じていて――その轟音から必死に身を守り続けるのである。しかし、その蒸気機関車は彼女と彼を戦争という現代史の絶対的情況のなかへ連行し、全ての「国民」を例外なく巻き込んだように、なんの感情もなく、無機的に参加させ、翻弄し、やがて二人を引き裂き死をもたらすだろう。映画になん度も現出する蒸気機関車の驀進と轟音の響きと、それに耐え耳を塞ぎ身を守ろうとする女と男とは、その光景そのものが、戦争の時代の国家と民衆のアレゴリーなのである。

蒸気機関車はまた、国民国家の時代にあって「近代」という時代そのものの象徴となって、それ以前の一切の多様な時間を単一な時間に統一し――国家の時間――女と男と村落共同体の全ての人々をその裡に組織しようとしている。機関車はその国家の時間の象徴でもあるだろう。主観的には、女も男も国家とは無縁に、共同体の固有な歴史と存在様式のなかに生きているかの幻想を抱いているのだが、蒸気機関車の驀進——鉄道の開通——は、実はどんな小さな一見国民国家とは無縁に思われる共同体をも国家へと統一し、その国家意志が日常的関係性のなかで貫かれていることのメタファーなのであり、近代という時間のなかで、その時間のみが唯一の時間となっているのだ。

そしてタイトルが明けると、敗戦から七年後の現在、女の七年忌の日となるのだ。ここには女の家族——父・母・そして妹(松尾嘉代)がおり、そこに蒸気機関車から男の妹(芦川いずみ)が降りて来る。東京で女医となっているこの女もまた、彼女の夫であった若い海軍士官を「沖縄戦」のなかで失っている。この義理の妹は近代医学を学び、「国民」であることは、国家意志のなかに生きることであることを当然なこととして受け入れている近代人なのであるが、一方では反国家の意志を貫いた女の最も近しい理解者でもある。その女と七年前に終わった戦争に関わる様々な関係性のなかで、今日、女の七年忌が営まれるのだが、女の生と死とは、この戦争という時代そのものと国家と真っ向から向き合ったその生き方と、そして自ら選んだその死のあり様において、あの時代とこの時代の人々のどんな死とも異なった、異様な死なのであり、この時代の一つの伝説として女の生はあるだろう。

では、この敗戦後七年目の現在とはどんな時代であるのかをまず確認し、その時間と映画とがどんな関係にあるのかを考えてみたい。敗戦から七年後の現在とは?!

一九四五年から七年目の一九五二年は、戦後日本がサンフランシスコ講和条約に調印し、きわめて偏向した方向のなかとはいえ、表向きには「独立」をなしとげた年である。しかし、ここには〈沖縄〉は含まれておらず、戦後すぐに行われたマッカーサーへの昭和天皇による「沖縄切り棄て」表明によって完全なアメリカの軍事戦略拠点となった沖縄は、日本から無視され「日本」の独立以降も過酷な軍事占領地の現実を生きることとなった。この映画のファーストシーンが、戦後七年目の現在に置かれることで、この一見女の情炎を美しく描いた〈叙情〉映画が、実は紛れもなく、この戦後史、昭和の現実の政治史のなかでの〈愛〉の映画であることを明確に告知する。

日本のきわめて偽善的な独立とは、同時に日本が「日米安保条約」の締結と一体のものとしてあり、ともあれ戦後日本が戦争を行うことを放棄した建前を無視して、アメリカの核の傘の元で、共産中国の勝利と朝鮮戦争後の東北アジアに軍事的睨み――日本は警察予備隊から自衛隊という軍隊を持つことになる――をきかせ、紛れもなく軍事国家としての歩みを開始した年でもある。当然のことながら天皇の名によって戦争に狩り出され、そのために死んだ国民は、再び天皇の名によって切り棄てられた沖縄を無視して、新しい軍事国家とその「国民」の道を歩み始める。そして、戦後もまったく疑われることなく持続し続けることになった天皇制との私たちの、のっぴきならない関係性を意識するなかに、この映画は紛れもなく敗戦後七年目の現在、を設定していることは重要である――通常のメロドラマでは多く女が身を投げたところで涙と共に映画は終わるだろう。蔵原＝山田のコンビは戦後的〈昭和〉の人である浅丘ルリ子の愛と死とが、天皇制＝国家との対峙のなかで、この現在に愛を貫くためには昭和史への批判的視点をぬきに、その生を貫くことができないことを充分に意識している。

ここで戦後映画――六〇年代映画が初めて問うことを始めた――が、どう沖縄を見なかったか、を見ておこう。そこには旧来の映画と六〇年代の映画との大きな差異がどう現象しているかが歴然と現出している。その作品は成瀬巳喜男の最大の傑作『浮雲』なのだが――前半の東南アジア赴任地のことはここでは捨象する――、その生の軌跡のなかには、戦中・戦後への批判的視点のないなかに「戦後」を生きる男女の愛欲の涯で、たどりついた「一年で四百日も雨の続く日本の最果ての地」(屋久島)(台詞から)で女は死に、男は初めてその女との関係の重さに気づくのだが、ここには当時の国際政治的地政関係下の北緯二七度線という「国境」情況を疑うことのない、戦後日本人から無視されたままに二七度線で分断されたその先の「日本」はまったく視野に入っておらず、自明の如くこの島(その認識は最果ての、日本とは違った異貌の地だ)の先に日本はないのである。この認識を無意識のうちに前提とした傑作戦後映画と、『執炎』という六〇年代映画との間には、この国のあり様への批判の眼を持つものと、現実のこの国の体制に包摂された自明性の映画とが、どう違っているかが明確に現れており、そのことをもう一度、改めて見直しておきたい。真の戦後映画は六〇年代に始まる。

では、以降『執炎』という類いまれな愛の映画を、いくつかの〈時間〉に集約させて検討しておこう――ストーリーを単純に追うのではなく。

神話的時間――映画の底流に流れる

この映画の底流を流れる時間(現実に映画上に現出するのではない)は、歴史に組み込まれた時間ではなく、国家の時間とは別の時空であり、この統一された国家の全的関係性に包摂されることのないユートピア的時空であるのであり、その時空を全的に生きる女として浅丘ルリ子があり、彼女は国家が形成される以前の自由な共同体とその共同体が独自に有する関係性を前提とする共同体の現実性を体現しており、そうした国家ならざる民衆の共同体を精神的に統合する女権統率者でありヒミコの如き巫女的イメージを負う存在として、彼女はあるのだ。そうした自由な心を持つ女が、国家に規定されることのない、〈女と男〉だけの絶対的な愛を育み、その自立した愛を一直線に進む女としてその女はあり、まさに愛に生きる炎の女としてその存在はあるのだ。

私は勝手に思っているのだが、この炎の女のイメージ造形については、実は日本画家・速水御舟の『炎舞』が与っているのではないかと思う。原作者・加茂菖子はこの「画」に触発され、この炎の女を紡いだのではないかと思うし、蔵原たちもそのことを意識していたのではなかろうか。国家をも焼きつくす情念の炎は、実に国家的時空の一切を焼き、まったく別な自由な愛のイメージを切り拓いてはいないか。それが、まさにこの作品の底流に流れる神話的時間のあり様なのだ。

このヒロインの生まれ育った山間の集落は平家の落人部落としてあり、人々は平家の敗北以来、この山間の地に落ちのび、権力的中央と一切の関係を絶って独立した共同体として生きのび、その中心一家――代々、女が中心となって女権的統率を続けてきた――の長女として生まれて以来、彼女は一貫して自立したその集落の女性中心者として生きていたのだ。彼女は一貫してある特別な力（というより雰囲気・精神）を持ち、周囲の人々はそのことを認め、その力になにかを期待すると共にある畏怖をも感じている。ともあれ彼女の持つ身心性はきわめて独自で自由な時空を作り出している。これが映画の底流に流れる、この映画全体を規定する時間であり、それは国家の時間とは相対的にある、この映画独自の精神構造＝生の時空なのである。

そのヒロインがある日、山中で大木を伐る一人の青年を見かける。その男（伊丹一三もまたルリ子に触発され、そのインテリ臭さを超えた見事な男性性を演ずる）は海の男であり、彼のくらす部落もまた、中央の権力に目を向けるのではなく、海の彼方を志向することで人々は自立的に生きており、その伝統の上に男はこの国から外界へと出るための〈舟〉を自力で作ることを夢見、そのために山に木を伐り出しに来ていたのだ。しかし、この海の彼方を目指す男の意志が歯止めなしに現象するとき、外への侵略の意志ともなる。そのことは日本の足跡そのものでもある。

この映画の物語は、愛の物語であると共に〈越境〉への志向の物語であり、その越境への意志が、国家によって戦争へと包摂・変容されることで、それまで山の部落も海の部落も二人の関係を祝福していた共同体の集団的心性が、逆にそれぞれの共同体の閉鎖性へと回帰し桎梏となって、その愛を貶めようとする。そして、二つの共同体はそれぞれその逆方向の共同思考によって、ますます国家へと取り込まれてゆくことになる。その国家内回帰の民衆的な志向運動は、戦争の激化とともに歴然となり、二人の愛を包囲する。だから、二人はやがてこうした国家意志に取り込まれた共同体とも向き合うことを要求されることとなる。結局、この神話的時間とは彼女と彼との二人だけがイメージの裡に内包しているだけなのであって、現実の進行、国家の民衆の取り込み運動は易々とその共同体の共同の想像世界を解体し、現実の時間の裡でその共同体的意志を国家内化してしまうのだ。だからこそ浅丘ルリ子が作り出す愛の「執炎」の力は、国家と真っ向から向き合う堅固な抵抗として現出せざるをえない。

だが、この近代国家から相対的に自立した時間と空間を生きる二人は、絶対的な国家意志とは別の地平で、出会い愛し合う。この国家的共同性を媒介しない出会いと、戦争がこの共同体に忍び寄る以前の婚儀までの二人の形成する幻想的な時間は圧倒的に美しい。

しかし、近代以降の「天皇制国家」は、この神話的時間を生きる伝説的共同体の地をも見逃すことなどなく、その現実の影が村落を全面的に覆い、二人の愛を断絶し徹底的に引き裂くことになるだろう。否、権力的中央と断絶した暮らしを営むように見える平家部落だからこそ、これまでも部落は幻想の天皇権力——文化の力——と強固に結びつくことで、自らの存在理由を保ち続けてもいたのだ。天皇制の幻想の権力性は自己証明性が存在しない部落に文化的、幻想的知の力によって、どこにでもある力による繋がりとは別の、より高次なと想わせる想像の繋がりを生成する。そのことは権力的な強制力以上の天皇制への直接的結合となる。近代国家の成立以来、周縁に生きる全ての存在は、幻想的な天皇制の裡にそのアイデンティティを求めてきた。このことは、近代以降の現実の戦争のなかで、それまで共同体のなかの一段下位に置かれた女たちによってより積極的に天皇制への接近となる。そのことは、女たちの主観とは別に、そうなるのであって、これが天皇制国家の戦争の現実なのである。男への絶対的な愛を貫こうとする女とは別に、通常、共同体内的感性のなかに生きる女たちは、千人針を縫い武運を祈る小旗を打ち振って男たちを熱烈に戦場へと追いやるだろう。戦争は様々な異質のあり様を内に秘める様々な共同体を統一し、国民国家を統合する。だからこそ、それまでどんなに近代国家と無縁であることを誇ってきた、主観的に独立した周縁共同体も、その内にある異質な要素――女と男の二人の絶対的愛の可能性に執着する者を切り棄てて――を排除し、単一な戦争国家への統合を望むのである。

しかし、この女の身体性の基底には、この映画の底流を流れる天皇制国家とは別の共同体の時間、国家的な関係性の一切からの脱出のイメージが持続し、この映画を規程し続ける。

現実の時間――戦争(1)

神話的時間のなかに二人だけの絶対的な愛の世界を育んでいた女と男の元に突然「赤紙」が来る。神話の時間と現実の時間とに架けられた橋の上で結び合った二人は、戦争という国家意志の前に分断され――部落総出の出征祝いの中で、しかし、女はこの熱狂する群衆のなかにはいない――、男は戦線へ、女は現実的には結局、幻想でしかなかった共同体の地へと引き裂かれる。女には、もはや男との愛の共同性のために何をすることもできない。ただまったく自分が望んだのではない時間をなす術もなく送るしかない。そして映画では、戦争の現場は明示されることはない――残った者に、どこが戦場かが知らされることはないし、どんな戦況かを知ることもかなわない。

やがて男は全身に重傷を負って帰って来る。国内の軍戦傷病院では、ほとんど治るあてのない男に、軍医はただ腕や脚の切除を命ずる。役立たずの男などに国家はかまってなどいられないし、治るあてのない人間など国家にとっては足手まといなだけなのだから。それに対して女は敢然と抵抗し、男の全身負傷状態のままに病院から引き剥がし、自らの根拠地、すなわち国家の拘束のないあの共同体の山中へと男を拉致する。そして彼女の意に反して、男を歓呼の声で送った共同体の人々とも離れ、山中の掘っ立て小屋で彼女独自の治療を開始する。まったく近代医学とは無縁に、彼女のなかに蓄積された部落伝来の民間医療と再生の業を徹底的に施す。この一見近代的医療を無視した女の行動に一人反対するのは、東京の医大で近代医学を学ぶ、彼女の最も良き理解者である義理の妹である。彼女はまた、その婚約者に海軍士官を持っているのだが、その婚約者の出征に関しては軍人という存在ゆえに、まったく当たり前のこととして、動ずることなく戦地へと送り出す者なのだ。ここには近代と反近代、国家内的人間と国家とは別な地平で生きようとする者の差異が切実に現われていて、男と山中でくらす女の特異性が浮かび上がる。

この二人の時間は奇跡的なことに近代医学の限界を超越して、再び男をかつてのままに回復させる。そして一瞬、女と男とは外界との一切の関係を断って〈愛〉の世界を生きる。国家の作り出す戦争の時間と二人だけの神話的時間とのほとんど奇跡的な重なり合いと、そのあわいを生きる二人の完結した世界は美しい。そして脆い。山間の隠れ家にも、女の意志を無視するかのように、海の共同体から戦争を担っている村民が密かにやってきて、戦争下の村落の問題点を携えてやってくる。戦争の波は、このユートピアを忘れてはいないのだ。

戦争の時間(2)――再び出征

二人の外で、この国の戦争は決定的に敗戦情況が進んでいる。だから五体満足にもどった男を国家は放置しておくことをしない。

国家の拘束から離れ、全身全霊の愛によって男を治療し、死の淵から救い出した女の愛の行動は、男を再び戦場へと追いやることになる。

そして再び、あの〈橋〉を歓呼の声と日の丸とに送られて男は戦地へと出征して行き、再びもどることはない。そして男は英霊となって橋を還って来た。

その瞬間、自らの技によって男を「国民」に再生させた女は、あの橋上で列車の轟音と共に自らを失い、自失の裡で一切の記憶と、これまでの全ての生活過程、特に男とのくらしを忘却し、愛の亡霊となって生の抜け殻の如き存在と化す。

戦後の時間(1)

戦争は終わった。人々――女と男との結婚をわがことのように祝い、そして男の出征の折には、歓呼の声と万歳とで送った――は、戦争が終わったことを祝って「祭り」を行い、これまでの魔に憑かれていた時間を忘却の彼方に押し流し、戦争についての一切を封印し、なにもなかったこととする戦後を開始する。戦前の全ての事柄と関係性とは温存されたままに。そして勿論、赤紙をもたらした国家も、その存在のために戦争を行った天皇の存在もまたまったく変わることなく持続したままに、新生戦後国家は始まろうとする。

ただ、自らの内実を失った女だけは、そうした人々のなかの異物として存在し続ける。

戦後の時間(2)――女の時

この女が自ら起こす決定的な行動の時間は、しかし、誰にも共有できないし、共有させることのない彼女の独自の時間だ。敗戦から数カ月――表面上、戦争も戦後も終わった。村落は変わらないままにある――、橋は今も彼岸と此岸とを分ける象徴としてあり、女は久しぶりにフラフラとその橋を渡ろうとする。そして、最愛のあの男と最初の愛を確認し、以後も二人だけの愛の場所であった橋の途中の凹部にさしかかる。その時、轟音と共に蒸気機関車は驀進して来て、行き過ぎ、そこに蹲った女は、一瞬にしてその身体の内に眠り続けてきた、二人の〈愛〉の記憶をとりもどす。女にとっての男との二人だけの愛は、戦争を忘却し一切をなかったことにこの日常を生きる人々とも、戦争を強いる国家とも、そしてなにより長い間、彼女の精神を無意識の裡に拘束し続けた天皇幻想とも無縁であり、二人の愛はそれらの全体性と真っ向から向き合うものであることを女は決定的に自覚する。

そしてそれらの一切への拒否の意志を全身で表出し、さらに国家へと無意識に同調し、順応した自己を抹殺すべく自ら投身するのである。そのことは同時に、愛する者を国家へと、自らの手で再生し手渡した、その自らの存在性への私刑でもあるように〈自爆〉行為を敢行することになるのだ。

そして七年後。通常の時間の流れは、映画冒頭に帰ることになる。

ここに戦後派による、新しい戦後映画の一つの試行が始まる。ここには、明らかに戦前・戦後を連結する旧来の「戦後」映画を超える、その戦後映画の内実そのものを問う新しい波が生まれている。戦前とはどんな時代であり、戦後とはどんな時代なのか。持続する戦前＝戦後を根底的に問い直すこと。すなわち、この現在に生きる自己の存在そのもののあり様を問い直すこと。ここに真の意味での〈戦後〉映画が始まる。そして、映画とはどんな運動なのか。この映画は紛れもなく六八年的課題を先取りしつつ生まれたのであり、そのことを担った根拠の一つに〈女優〉という存在性があることもこの映画は開示した。出口なき幽閉状況の裡に追いこまれた私たちは、改めて〈生の全面的更新〉という課題を多様な視点から見直す必要があるのではなかろうか。

映画『執炎』（一九六四年、日活）
企画・大塚和
監督・蔵原惟繕
原作・加茂菖子
脚本・山田信夫
撮影・間宮義雄
音楽・黛敏郎
出演・浅丘ルリ子、伊丹一三、芦川いづみ、松尾嘉代、信欣三、細川ちか子、宇野重吉

第二章

作為されたヒロシマのイメージを超えて

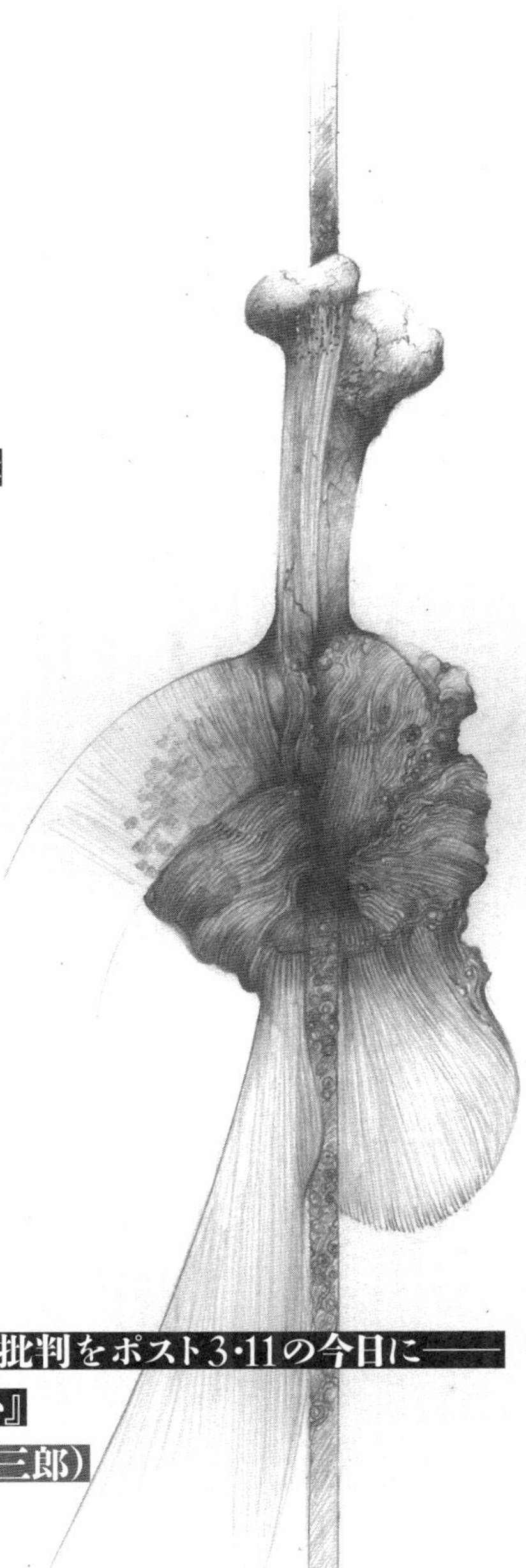

メロドラマの内在的批判をポスト3・11の今日に――
『その夜は忘れない』
（監督・吉村公三郎）

二人の出会いの条件は、映画の中で明らかにされないだろう。なぜなら、そんなことは問題ではないから。世界中のいたるところで、ひとびとは出会うのである。重要なこと、それは、そうした日常の出会いの結果として起こる事柄である。

（マルグリット・デュラス『ヒロシマ私の恋人』清岡卓行訳）

恐ろしさを恐ろしさを通して描出することはやめておこう、それは日本人たちがみずからやってきたことだから、そうではなく、この恐ろしさを灰のなかから甦らせるのだ、それも恐ろしさをひとつの愛のなかに刻みこむことによって甦らせるとしたら、その愛は必然的に異例なもの、そして《驚嘆させる》ものとなるだろう。

（マルグリット・デュラス『ヒロシマ・モナムール』工藤庸子訳）

過去を私たちがどう読み解くかは、私たちが現在おかれている立場に左右されるし、とりわけ、

《消費社会》としばしば呼ばれているもの……こうしたものの持つ構造的特殊性に大きく左右される。……古くさい美学哲学の諸問題を云々してもはじまらないのであって、むしろ、その種の問題はラディカルに歴史化して捉えなおしてこそ意義がある。

（フレデリック・ジェイムソン『政治的無意識』大橋洋一他訳）

問題提起　「映画」の運動――「復興」という企みと向き合う

歴史の裡に生起する生きた現実をパッケージ化し、囲い込み、切り刻まれた断片として空っぽのモニュメントとして処理する多様な策動にどう向き合うのか。そして、生きた現実をノスタルジアの彼方に追いやり、情緒の裡に封じ込め固定化し、叙情のなかに囲い込みメロドラマとして歴史を変容する作意――その動きを加速させるのは私たちの裡に連綿として続くメロドラマへの志向である――をいかに剔抉し、いかに内在的に批判し、運動のうちにその企てをどう解体するのか。ヒロシマを問うこととはどういうことなのか。いかなる運動として展開されるのか。

権力的意志を体現した「復興」という名の被災した街の風景の塗り固め。そのことによって現実を見えなくする策動。歴史そのものを忘却の彼方へと追いやる様々な企み。囲い込まれ、閉ざされた公認の博物館的展示の裡に切りとられ晒され、人間の生の証しが隠蔽される現実。つまり生動する現実の歴史を無視して健忘症の世界を作り出そうとする試みに抗して、この風景の底に塗り込められパッケージ化された歴史をはっきりと視つめ、再び活性化し、生きた運動性のなかでいかに、どう取り戻すのか。人びとの生の現実をノスタルジアの彼方でメロドラマとして、甘美な、それでいてのっぺりとした世界に変容し、批判を封じ込んだまま閉ざされた物語に歴史が追いやられることにいかに抵抗するのか。八月の年中行事としてのお祭りとしてではなく、この現実の裡にヒロシマを問い直す方法をさがすこと。こうした多くの問題に映画は、どんな映像＝イメージの展開によっていかに向き合うのか。『その夜は忘れない』という映画の持つ批判的運動の具体性としてある映像は、このことに実に明晰でありなかなかに鋭い。この映像についてはのちほど、物語に則して詳しく見ることとするが、ここに孕まれた問題意識はまた、今日も解決されぬままにある現状に対する映画的問いとして充分に検討に価するだろう。『その夜は忘れない』という映画はそのような問いの映像的試行としてあるだろう。映画はなによりも映像によって、現実の課題に向きあう運動なのである。

ところは広島。一九六二年夏。あのヒロシマの日から十七年後の夏である。

東京で週刊誌記者を生業とする一人の男(田宮二郎)が、ヒロシマから十七年後の今に、ヒロシマをさがすために広島を訪れる。そこでバーを営む一人の女(若尾文子)と偶然に出会い――この物語はアラン・レネの『ヒロシマ・モナムール』の男女の位相を反転させた、日本版ヒロシマ・モナムールである――、そしてきわめてメロドラマ風に一夜を過ごす。その出来事によって男は〈愛〉が可能となったと思い込む。しかし、その後二人は会うこともないまま(男にとっては)突然に女の死を迎えることとなる。その冬の夜、男は女が八月の広島で、ある行動を促したことの意味に、女の死の現実によって気づき、その行動を自らの意志で再演することで、男ははじめてヒロシマでの〈愛〉の絶対的不可能性を感知する。同時にヒロシマで起こったことは、女によるヒロシマ以後の愛の絶対的な拒否であり、その絶対性を全的に受けとめることによってしか、ヒロシマでの愛の可能性はないことを男は知ることになる。そしてヒロシマの女の至高の愛によって、男は新しい生を生きることができるだろう。広島では愛など存在はしなかったのだ。物語はそれだけのことだ。

この『その夜は忘れない』は風俗メロドラマの慣例どおり、当時の大映の看板スターであった二人、すなわち田宮二郎の演ずる男と若尾文子の演ずる女には、この国のドラマが自明のこととして持つ固有名があるのだが(ヒロシマ・モナムールは匿名である)、私はあえてヒロシマ・モナムールの方法に倣ってこの二人を匿名の存在として扱うことにする。なぜならこの物語はヒロシマの物語であり、そのことは匿名性のそれとしてあるのだから。監督は吉村公三郎であり、シナリオはチーフ助監督の白井更生であることを特記しておく。

さて、そのタイトルからして、いかにもありふれた日本映画伝統の「風俗メロドラマ」の感をいだかせるこの映画は、紛れもなくその風俗メロドラマの構造とスタイルを意識的に持ち、そう設定されている——メロメロの「風俗歌謡」さえ何度も流れるのだ。だがしかし、このことは生動する歴史をメロドラマに変容し、メロドラマとして「泣かす」ことによって、現実を情緒の裡に解体しノスタルジアの彼方に流し去る――ノスタルジアの物語は、誰にも受け容れられ、それは公認の歴史としてあるだろう――、その制度的方法に対し、あえてこの映画は「風俗メロドラマ」という方法を採ることこそが、ヒロシマを視るための私たちの想像力を具体的に打ち立てるための方法としてあり、ヒロシマを問い直すために具体的に採られた方法であることをはっきりと確認しておかねばならない。つまりノスタルジアの裡に流れ去る歴史を問い直す抵抗の方法とは、そのメロドラマ性に依拠し、その内在的批判を行うことによってでなければならず、その抒情の制度性を内的に再検討することによってしかないであろうことを。そのために『ヒロシマ・モナムール』の方法をこの日本的現実のなかで問うとしたらどうするのか、それが『その夜を忘れない』という風俗ドラマのあり様なのである。

さて、私たちの前には、一九五八年この広島で撮られた（五九年公開）――おそらくこの国の六〇年安保とそれ以後のあらゆる戦いに影響を与えた――一本の仏＝日合作映画がある。仏名『ヒロシマ・モナムール』日本公開題名『二十四時間の情事』（監督アラン・レネ／脚本マルグリット・デュラス）。この映画の出現は、それまで誰もが自明のものと思っていたパッケージ化され限定された現象としてのヒロシマを展示的に並べ、それがヒロシマの恐怖であるように語り見せるのではなく、ヒロシマを五九年の現実の裡で〈視ること〉はどういうことか、ヒロシマについて〈考えること〉とはどういうことかを〈考える〉映画として、それまでの（日本の映画の持つ）現実らしきものに目を向けてきた――いまだにこの国に存在する唯一の被爆国という特権的態度が横行している――、この国のきわめて閉鎖的思考様式に対して、この『ヒロシマ・モナムール』が開示した方法は青天の霹靂であり衝撃的であったのだ。そしてその衝撃のなかで作られたのが本作である。この時、そのレネ作品に日本側のチーフ助監督として付き、レネの方法と思考様式を学び、その過程でレネ作品に深く影響され、その方法を意識的に活用しつつ、本作でシナリオを書き、助監督を務めたのが白井更生である。レネ作品によって圧倒的に方向性を得た白井にとって、日本映画界(そのことは当然左翼を含む日本人の思考様式である)を覆いつくしているメロドラマ的思考様式こそが、ヒロシマをめぐる自明性の表象を根底で支える根源であると思えたのだ。抒情性を当然のことと信じて疑わない現状こそが問題であり、この日本人の意識を規定する、その日本の風俗メロドラマを内在的に批判することによってしか、ヒロシマを問うことなどできはしない。ヒロシマを表象することの不可能性を現場性に即しながら識ることによってしか、ヒロシマについての映画を撮ることはできない。白井にとってのヒロシマの映画は、だから映画そのものの根底的な問い直しとして設定される。当時、この国ではまったく無名の監督であったアラン・レネの日本側チーフ助監督として現場に付いた白井更生は『二十四時間の情事』についてこう言っている。

「突然、旧来の映画概念、映画文法にまるで当てはまらない作品に直接タッチしなければならない状態に追い込まれたぼく自身の混乱は表現し難いものがあった。(中略)『二十四時間の情事』でA・レネが目指したものは〈人間内部のドキュメンタリー〉であったと気づくのだ。ここで、〈内部〉

という言葉を使ったのは〈意識〉ではない。〈新小説〉の世界でいう意識以前の要素、構成状態〈マグマ〉を指しているからだ」『世界の映画作家　5　ミケランジェロ・アントニオーニ／アラン・レネ、キネマ旬報社）

ヒロシマを物語られた恐怖の裡に描き続けてきたこの国の大部分のヒロシマの映画に対して『ヒロシマ・モナムール』はヒロシマを物語ることそのものを問い返す。すなわちヒロシマを語ることなど不可能性としてあるのではないか、と。では、その表象はどうあるべきなのか――ヒロシマを考えることはどういうことかを考えることを提示することだ、と。この時、この国にある、私たちの身体性の根底まで蝕み、私たちを無意識の裡に拘束するアポリアが存在する。それは私たちの集団的心性を根強く規定し続けているメロドラマという問題である。生成する歴史的物語を包摂し、溶解し、悲しみの物語という支配的な思考様式の物語に変換する装置たるメロドラマの構造批判なしに、ヒロシマの表象不可能性の表象などありえない。そのために、この映画は『ヒロシマ・モナムール』の方法を意識的に援用しながらメロドラマの内在的批判を行い、そのことをとおしてヒロシマを語ることを思考しようと企てる。結果として、この映画的企図が成功したかどうかは別に、そうした運動的な企ての意味で、この『その夜は忘れない』という映画の持つ意義は大きいのである。

しかし、残念なことに一九六二年の公開当時も、そして「3・11後」の現在もこの映画は注目されることはなかったのである。確かにこの映画においては監督であるメロドラマの巨匠・吉村公三郎の資質――映画的「戦前」的思考を一貫して貫く姿勢、すなわち映画そのものを問い直すことのない――と、レネに衝撃を受け、その方法によって映画の自明性そのものを問おうとした白井更生との差異が、結果として全面的に現象してしまったことによる映画そのものの混乱によって、きわめて先鋭な問いを課題とした映画が、きわめて中途半端なものとして現出してしまっていることも確かなのである。当時の批評を読むとほとんど全否定に近いものが多い(その可能性になど、まったく眼をむけてはいない)。しかし、私はあえて言っておきたい。名作として優れた完成作品としてあるものだけが歴史の残るのではない、と。作品としての完成には欠けるのだとしても、その作品が問おうとした問題系が、今なおこの現在の裡で生々しいままにあるとすれば、その映画の欠落を補いつつ、そこでの課題を問い直すことによって、その作品を今日的に再活用することができるとともに、今を問う契機とすることはできるのだ。〈戦後〉という時代は、本来、〈戦前〉性そのものを問うべき時代であったのだ――映画界においてもまた。しかし、映画における戦前性――あえて言うならメロドラマ構造を自明のものとする――は、戦後問われることなく(まさに、戦争責任の問題をはじめとして、表現におけるそれは問われたことはなかった)延命し、その自明の映画構造を前提とし、その文体によって成立した多くのヒロシマ映画がこの国では陸続として(今日もなお)持続し続けている。そのことに疑いの目を向けた若い〈戦後〉的映画人の問いに始まる『その夜は忘れない』は、メロドラマという構造を問うことのない戦前的映画作法によって、結果として先祖返りしてしまったのだと思う。そして白井の差し出した問いは各所にちりばめられた細部としてのみ生きてあるのだが、作品全体を構成してはいないのだ。私はあえてもう一度言いたい。優れた完成品だけが重要なのではない。細部に現出する鋭い映画眼が、今日を撃つために重要であるなら、その問題意識には、改めて注目すべきではないのか。

ここで改めて『その夜は忘れない』が問おうとした課題を列挙しておくこととする。

(1)表面的には目に見えぬヒロシマを視るとはどういうことか
(2)今、この現在においてヒロシマとはなんなのか。
(3)〈記憶〉と〈忘却〉との問題
(4)表象の不可能性と問いの表象とは
(5)名作アラン・レネの『ヒロシマ・モナムール』の方法を、この日本のなかでどう継承発展させるのか
(6)そのためにあえて「風俗メロドラマ」の方法を用いること。細部をどう表象するか
(7)そのメロドラマ性の内在的批判をとおして、この国の映画と、そこに規定されてあるわれわれの感性を批判すること。
(8)『二十四時間の情事』「ヒロシマ・モナムール」と『七十二時間の情事』「その夜は忘れない」とのヒロシマと性愛とをめぐる問題

以上のように列挙した、この映画の内包する課題を、さらに具体的な映画シーンに則しながら見ていくこととする。そのことは同時にそこに現われる〈技法〉もまた重要なものであるのでそのことも取り上げることとしたい。映画とは、映像の集積なのだ。つまりこの映画の細部はどう表象されているかなのである。

だが、その前に『その夜は忘れない』と『ヒロシマ・モナムール』の題名表記の問題について記しておきたいと思う。私はあえて『その夜は忘れない』を『七十二時間の情事』――男女の核心的ドラマは土・日・月の三日間である――と記したいけれど、この表記は『ヒロシマ・モナムール』を「二十四時間の情事」――広島で出会った男女のたった一日の出会いとその結果起こった物語――、とした日本での公開題名（五九年公開。製作は五八年）としたこの国での興行上の理由による、この〈えげつない〉表記は日本の文化人の好む高尚なフランス題名に対して、このえげつなさこそが大衆に迎合する訴求力であると思い込んだ日本の興行世界の常識によっているだろう。この表記は、確かにえげつないけれども、紛れもなくこの映画は〈ヒロシマと性愛〉（もちろん、きわめてシンボリックな表現ではあるが）とを、つまり、決定的に極私的世界の出来事を戦後世界の方向を決定した絶対的政治的出来事とを並置し、同じ地平の上でトータルに捉えようとする――この映画以前は誰にも考えることのできなかった――、きわめてラディカルな思考を方法とすることによって成立した映画なのであり、〈性〉と〈政〉を並べることなど不謹慎などという常識に対して、そのことこそが重要なのであることを提示した作品である以上、この公開題名は相当に内実を表わしたものだと思う(アムールには性愛の意味も含意されてあろう)。

そして確かにこの『その夜は忘れない』という日本の映画――明らかに『その夜は忘れない』は『ヒロシマ・モナムール』の構成をなぞり、その男女の位相を反転し、その内実において反復している――は、ヒロシマと愛の問題をとおして、ヒロシマと世界、ヒロシマと日本人の心的構造を問おうとしているのである。それが『二十四時間の情事』であり『七十二時間の情事』なのであるから、この表記はむしろ映画の本質を現わしていると思えるのであり、私は以後あえてこれらの表記も使用することとする。紛れもなく『七十二時間』が『二十四時間』の方法を使って問おうとしたことは〈視ること〉と〈視えること〉、つまり視えなくさせられてあるこの現実の裡にあり、人びとの身体だけでなく全存在性を根本的に苛み続ける、ヒロシマの現実を視ることはどういうことか、を問い直そうとすることなのだし、そのことは同時に日本人の感性=情緒の集約的あり様であるメロドラマ(特に風俗的な)――ヒロシマの問題さえもその裡に溶かし込んだ――を内在的に批判し、それを剔抉する作業を行おうとするものなのだ。そしてそのことを通してノスタルジアのメロドラマに解消されてしまうヒロシマを問い直そうとするのである。だから『その夜は』『七十二時間の情事』として設定されているのだが、『ヒロシマ』とは逆に、公開題名である『その夜は』はえげつない切迫性を持つ「情事」といった直接的表記ではなく、あえて誰もが馴染み良い風俗ドラマ風の題名表記としたのであろう。ヒロシマの問題から「性愛」を引き剥がし、別な抽象的表記であろうとした制度的方向性が、ここには顕われている。以下、映画の進行に則し、その細部にどんなことが表象されてあるかを視てみることとしよう。

映像の分析

広島へ走る「あさかぜ」

『その夜汽車の中のありふれた情景描写。同時に「あさかぜ」は〈遠さ〉――時間的にも、そして〈関係〉性においても――を表象している』

映画の中心となる男（田宮）――東京の週刊誌記者――のキャラクター、特にその無意識の裡にある特権性を有する日本のジャーナリストの特質がさりげなく表象され、その特質こそが戦後の教養主義的思潮を領導したこと――広島を規定・表象してきた――が、浮かび上がる（そのことに無意識な男）。この反省なきジャーナリズムのあり様こそ、戦前・戦後を一貫して方向づけてきた（戦前の翼賛報道だけでなく）。

早朝、列車は広島駅に到着

『歓迎平和都市の大看板が男を迎える。男はタクシーで早朝の〈街〉をホテルに向かって走る。タイトル』

私はこれから、特に撮られた映像＝イメージの細部について語ることになる。細部のイメージこそ、映画という方法によってしか表象できない映画の中心課題なのだから——実はこの映画を、単なる風俗ドラマの映像と豁然と分かつのは、何度も男女の移動に伴って表象される〈風景〉なのである。丹念に、意識的に積み重ねられる十七年目の「ヒロシマ」の風景がこの映画では意欲的に撮られモンタージュされている。おそらく六〇年代後半に松田政男や足立正生らによって提唱された〈風景論〉という思考様式が現われるおよそ十年前に、この映画は風景を意識し、「復興」した広島の街を何度にもわたって意欲的に問い直し表象する。それも多くは移動撮影によって——アラン・レネに独特な移動に触発された方法の再活用。

ここで私たちはコンクリートやアスファルトの下に隠蔽され、また曝されていた残骸の後に再建された「復興」の下に視えなくされているヒロシマへの眼を喚起される。ほとんど本編とは無関係とさえ思われる——ノスタルジックな情感あふれる風俗映画の街の懐かしい表情ではなく——、無機質な石畳やアスファルト路面の移動撮影こそ「復興平和都市」という虚構を異化する表象なのである。この移動の持つ、ただならぬ即物的イメージこそ、眼に視えぬ、切り棄てられたヒロシマへの予感を感得させる。アスファルトを壊せ！　その下には……。

新広島ホテル

『そう『二十四時間の情事』の最も中心的舞台の一つとなる近代的なホテル。直線的な線によって構成され、機能的で爽快なこの近代的ホテルは丹下建三の設計によっている』

戦前には日本帝国主義の建築様式である「帝冠様式」の強力な担い手であった丹下が、戦後、師の前川國男に倣って、意識的にモダニズム風の様式よって設計したこのホテルもまた、戦後「復興」の広島を代表する建築である。Ａ・レネがなぜこのホテルをロケーションの中心に選んだかは判らないが、多分、これが表面的な意味で、軍都広島から生まれ変わった平和都市の一つの象徴――すり換えの具体性――としてあるからではないか。そしてこの『七十二時間』でも風俗的要素を構成する重要な舞台である。

そして、男の部屋からは、やはり最も重要な舞台である「原爆資料館」が望める。この明解で直線的で機能的な建物は新広島ホテルと一体のものとしてあり「ゲンバク」の切りとられた痕跡が収蔵展示されている。ここまで風俗映画とは思えぬ、男の見たありふれた(それでいて無機的な)光景が続く。

友人・菊田(広島の地元TV局ディレクター)

『男の大学時代の友人、川崎敬三演ずるＴＶ局員なる存在は、日本の最先端の知的潮流を作り、この国の思想・風俗を支配的に先導している。また当人もそのことを信じて疑うことはない』

その菊田は言う「十七年後のヒロシマを探す。月並みな企画であり、そんなものは広島にはありはせん」と。それより久しぶりに……という訳だ。もうヒロシマなどここでは話題になることはないし、原爆問題など八月の広島を代表する観光目玉の記念行事の日でしかないのだ――ヒロシマとは、この国のジャーナリズムが恒例とする時事ネタ以外のなにものでもない。それが十七年目の現実なのだ。

原爆資料館

『その内部に展示された「資料」としての様々な事績の記憶装置』

閉じ込められた記憶。しかし、この映画もまた『二十四時間』がそうであったように閑散とした館内をA・レネの移動の方法を反復・模倣するかのように移動する——この方法こそ『七十二時間』のポイントで何度か使われることとなり、その喚起力によって忘却の裡に沈んでいる記憶を浮上させるだろう。

原爆病院

『そこで一見、きわめて官僚的態度と言説と慣れたマスコミ対応をする医師(中村伸郎)の、その作られた体質と思われる不可思議な存在性と出会う』

この医師——日本の医療者の持つきわめて曖昧で両義的なあり様を体現する——は同時にある抑圧的な制度的感覚さえ所有しているかのようだ。日本の医学界こそ、体制と密着し——フクシマ以後ますますそのことは露出している——、その抑圧的な方向を進め医療を歪めているのだが、それでもこの医師はこう断言する。すなわち「原爆症は医学だけでは解決できない。政治的な……」と。

しかし、ここには原爆症への部分的対症の視点だけがあり、原爆とその体制そのものへの視点はない。その医師の習慣となっているかのような恒例の如き案内によって——男もまたジャーナリズムの作法のままに——病院内を回遊する。まるで動物園内部を見るように。

様々な原爆症の人びと

『男はジャーナリズムの慣例に則ったように「草の根会」という原爆症の人びとの親睦会、被爆者の経営する「土産物店」、被爆した若者たちなど、被爆者の間を歩き回る』

そこで男が見たのは、マスコミが望む被爆者イメージを演ずる——私たちはケロイドを乗り越えて健気に生きている——人びとであり(ステロタイプ化した取材しかしないことは棚に上げて)、男はそのことに飽き飽きし始めている。マスコミと被爆者の共犯関係のなかから生まれる、マスコミが望む被爆者イメージが十七年目のヒロシマにはあふれているが、ときに被爆者の一人は男にむかって「新聞社や雑誌社はみな同じことを聞く！」と怒りを露わにする。そして作られたイメージはタレ流され、確固とした支配的風潮を強固に形成する。

映画が始まっておよそ十分。ここまで物語の中心たる男は登場するが、一方の女は登場することはない(本来、風俗ドラマであればあるだけ、ヒロインは冒頭から登場し、その彼女についての様々なイメージが現れるものである)。ここまで積み重ねられる映像は、おそらくこの風俗メロドラマとは無関係な、と思われる、即物的なニュースリールのような映像がモンタージュされるが、そのことは現在のヒロインの抱える視えない内面を表象するだろう即物的なイメージばかりである。私はこの映画が『二十四時間』の意識的な反復・模倣であると強調してきたが、『二十四時間』においては、あの有名な裸体の表出と性愛のシーン——というよりその象徴的なイメージ——が冒頭に現出し、あの「見た」「見ない」の有名なダイアローグが展開され、一気に映画の中心的主題が提示されるのだが、この『七十二時間』においては、ヒロインの登場がないばかりか、延々とヒロインの周囲をめぐる作られた、ありふれたステロタイプなイメージがこれでもかと積み重ねられただけだ。ここではメロドラマ的要件のイメージを無視した何気ない風景の描写が重ねられるだろう。

そのことはまた、私たちが持つヒロシマについてのイメージが実はそのようなものであり、私たちは常にそうヒロシマを見ているのであり、ヒロシマはこのステロタイプなイメージによって、ヒロシマについての自明なイメージとして作り出されているのである。このように映画はまず、私たちにとっての常識となっているヒロシマについてのイメージを飽きるほどに積み重ねることによって今日の私たちが抱えているアポリアを浮上させる。二点のみをもう一度確認しておこう。すなわち一点は、あの広島の風景の執拗な積み重ねによって、それを異化し提示していること。そしてもう一点、この広島の「観光映画」——まさに観光映画であることを意図的に行っている——のなかに、最も有名な観光スポットたる、あの「原爆の碑」を実に意識的な前進移動によって撮り出すのだが、この原爆の碑への前進移動は三度、その都度、圧倒的な異化効果を発揮して映画の結節点において登場することになる。

原爆碑――「安らかに眠って下さい／過ちは／繰り返しませんから」には、どこにも主体・客体の関係性を問う言辞はないばかりか、起こったことへの責任もなにも問われてはいない。投爆責任、招爆責任、戦争責任そして戦後責任などの一切は無視され、内実のない、まさに風俗メロドラマの言説のように情緒だけが立ちつくす――この国のヒロシマについての言説は情緒の裡でメロドラマを演じている。そして、この碑を象徴的なイメージとして炙り出すことによって――記憶を喚起するレネの前進移動に倣った――、眼に視えぬ現実を映画は異化するのだ。さらにヒロシマといえば誰しもが知る、広島銀行本店に残された「死」の影が、十七年目の今日にはほとんど薄れ、もはや判明すらつかなくなっている現状を映し出す――そんなイメージは時間が消し去ってしまう。

そして画面は、さらに次々と広島の今を撮り出して行く。すなわち、大企業の支局や営業所がひしめく繁華街にはもはや「軍都」の面影はない。相生橋と太田川――その川底には誰も視ようとしないヒロシマがあるのだが。しかし、あのヒロシマの時には、多くの人々が水を求めて殺到したという川の光景に、今日見ることのできるのは「復興」広島の今だ。さらに、戦後復興の象徴として「市民」によって建てられた広島市民球場――広島をめぐるほとんどの映画は必ずといって良いほどにこの市民球場(戦後という平和イメージの時代はスポーツ、特に野球に象徴される)を採り上げる。戦後という時代においては、「スポーツ」はイデオロギー装置として機能する。市民球場での野球こそ、ヒロシマを忘れ、広島の平和を具体的に演出する忘却の装置である。そして広島を代表する大歓楽街――流れ川。この異色メロドラマの冒頭にはヒロインが登場しないばかりか、喩えばそのドラマの中心人物一家の小市民的物語、戦争以前のかつての平和で小さな幸せの楽園と、変わらぬその日常を描くこと（良心的な反戦映画が執拗にくり返してきた）を一切しない。ヒロシマ以前の日常生活など、問題ではないのだ。ただ復興広島の風景こそを――観光映画や旅映画のように――表出し続ける。そしてその内部に包摂された、作られたヒロシマのイメージを挿しはさむ。ここにはこれまでのヒロシマをめぐるドラマが行わなかった方法があり、ヒロシマを視る別な視点がある。それは、この風景そのものが異物として、ヒロシマを覆いつくしていることの開示であるだろう。つまり通常のドラマ構成としてはありえない反ドラマ（自明のそれを疑う）の方法を自らの方法とすることを表象したものとして、この『七十二時間』の冒頭はあるのである。

ここまで観光映画のように広島を描いてきた映画は、ようやく舞台の中心、バー「あき」――ヒロイン秋子の名をとった――を見つけ出す（なお、私はこれ以降も秋子ではなく女と表示する）。

バー「あき」

『おそらく夜の広島を知りつくしているマスコミ人・菊田の案内でヒロイン秋子が営むバーに入った男は、そこで女を知ると共にあの原爆病院の医師――特別に女に関心を持っているように見える――をそこに発見する。同時にいかにも風俗映画にふさわしいようなチンピラ（業界紙記者）にも遭遇する。菊田は女に、こいつは十七年目のヒロシマを探しているジャーナリストだとして、男を紹介する。すると女は実に冷静に、そして無関心なように、〈つまらないところ〉とヒロシマについての話題を切断するように応ずる。風俗映画に特有な雰囲気のなかで、この女の作られた無関心さだけが異様に浮き立っている。だが、まだここでは何も起こらない。

さらに男のヒロシマを求める行脚は翌日も続く。そのなかで米軍が被爆者の実態調査と資料採集のためだけに作った研究施設〈ＡＢＣＣ〉に足を運ぶ。そこで何と不可思議なことに、あの女と、その友人とに出会う。女がなぜ、ここにいるのか――施設で何が、何のために、どんなことが行われているのかが知らされないように、女は己がその施設とどんな関係があるのかについての話題をはぐらかす。そして、同時に男も女がそこにいることに何の疑問も感じることはない――日本的ジャーナリズムの取材は自明のこと以外は視ないのだ。男は女に向かって「ヒロシマには、もはや何もない」と言い、ただ「六本指の子が産まれたことを聞いた」ので、これからそのことを探ってみようかと言う。そしてヒロシマを見下ろす地にあるこの場所で、女にその子供がいるだろう場所を聞く』

以下、シナリオを引用する。

【シーン38】ＡＢＣＣ構内（前半は略）

晴れた広島の街が一望の下に見渡される。復興した人家が屋根を連ね、それを縫って太田川とそのいくつかの支流が流れている。秋子、その風景を眺めながら、秋子「何か収穫がありまして？」
加宮「いやァ、僕の見た限りとして原爆資料館やドームなどの他には、もう原爆の名残りは、あとかたもないようですな」
秋子「もう十七年になりますもんね……」
加宮「あなたも当時広島に？」
秋子「え？……（と加宮を見るが微笑して）いいえ、どうしてですの？」
加宮「いや、別に……（と眼を市街に向け、思い出したようにメモを取り出し）あの、楠木町っていうのは、どの辺です？」
秋子「たしか、お城の北の方だと思いますけど……」
加宮「今聞いたばかりなんですが、手の指が六本ある赤ん坊を生んだっていう人があるそうで、これから訊ねてみようかと思って……」
秋子「（ギロリと加宮を見て）そんな赤ちゃんを探して、どうするんですか？」
加宮「僕はジャーナリストですからね、万事この眼で確かめないと、結論を出せないんですよ」
秋子「残酷ね」
加宮「因果な商売です」
秋子「確かめて、どうなさろうというの？」
加宮「十七年もたって、こうした新しい現象が現われたということを取り上げるのは、ジャーナリストのつとめですからね……」

秋子「あの……私、これからまだ訪ねるところがありますから、失礼します」

と一礼して去ってゆく。


加宮、急に態度の変わったその後ろ姿を、何か割り切れない面持ちで見送る。

『男は、楠木町を始めとして、夏の広島を六本指の子の手掛かりを求めて探ね歩く。だが手掛かりはまったくなくただ疲労するばかりである。その夜ホテルで男は偶然のことから女酔客とのトラブルに巻きこまれ、その酔客があの女のバーにいたチンピラの女であることを知り、複雑な想いを抱く』

六本指で生まれた子供

『ジャーナリストたる男は、今度はこの新しいネタ、誰にでも分かると思われるヒロシマの今日性を求めて、これまで同様に各所を探り回る。何のために』

ヒロシマは益々眼に視えなくなり、ただ目先の新規性だけが私たちの好奇心の対象となってマスコミの採り上げるところとなる。そして日本人だけが被爆したような特権性を持ち、多くの日本人以外の被爆者の存在を切り棄て、唯一の被爆国などという神話を作り出す。例えば韓国・朝鮮人の被爆者に私たちはまったく眼を向けない。六本指の日本人を探しても、朝鮮半島の胎内被爆した子供のことなどに関心を向けることはない。

『六本指の子供の存在を探して県内を探し回った男は疲れはて、夜、あの女のバーを訪ねる。すると店の者は女は「なぜだか知らないが〈土曜日〉は女は店を休む」のだと言う。七十二時間の始まり』

女との再会(なにかが起こり始める)

『日曜日。男は、その日も六本指の子供の手掛かりを求めて〈安芸〉——戦災の焼失を免れた日本情緒を残す街並——にまで足を運ぶ。そこで六本指の子を産んだ母親——離婚までしていた——がもどっていた実家をつきとめる。男は取材を申し込むが、その父親は「マスコミはなんの恨みがあって娘を晒し者にする。帰れ!」と怒りを全身に漲らせてけんもほろろに追い返される。失意のなかで男は、もはや東京へ帰るしかないと想いつつ海沿いの道を歩く。と、その時、男の眼に女が日傘をクルクルと回しながらやって来る印象的な光景に出会う。日傘を俯瞰で捉えたこの美しいシーン。この印象深すぎる出会い』

この印象深いシーンによって、映画はまさに正統な風俗メロドラマ的世界に入る。このカットこそ風俗メロドラマを多く撮り続けていた吉村公三郎の手馴れた、そして鮮やかな手法の真骨頂だと言えるが、ここでの女と男の再会によって一気に風俗映画の世界が開かれる。このシーンを撮るためにだけ安芸という古い街は選ばれた——軍都・消滅した街ではなく日本的風情の街での出会いこそ、風俗ドラマに適わしい〈ヒロシマで出会い、そこで一貫して二十四時間を過ごす『二十四時間』との差異〉。

『そして女は男を一軒の芸者置屋風の家に招く。その家はあのＡＢＣＣで出会った女の友人の家であり、その家で女は、毎週土・日曜を過ごすのだ、と言う。男は、この二重の邂逅に原爆の話を切り出すのだが女も友人もこの話題だけはなぜか避けようとする。そこでは女は、これまでの態度とは違い喜々として男に接し、男は女による異常なほどの歓待を受ける。

男は、もはやヒロシマでの新しい発見はなさそうなので明日にも東京へ帰るのだと告げる。

夜、男と女とは汽車で広島へもどる。と、その小旅行の帰路に汽車のなかで、女が突然に目眩に襲われ倒れこむ――このことこそは、ある〈死〉の予感なのだけれど、男はそのことにまったく感ずることはない。決定的な断絶が二人のあいだに存在する。女は、男をホテルに送り、一人帰る。

その夜、なぜか、男はホテルで予約していた明日の切符をキャンセルする』

その夜の出来事(1)月曜の夜

『翌月曜日。心を引かれるままにバー〈あきこ〉を訪れた男はそこで女に金を無心しているチンピラを見る。チンピラは女とどんな関係があるのか。男はひどく動揺してチンピラと諍いを起こし、そのまま街へ飛び出し、夜の街を彷徨する』

このあたり、きわめて風俗ドラマ風の展開を見せる。男のチンピラへの奇妙な嫉妬。女への想いと猜疑心。

さてここで、この『七十二時間』の全編の時間を貫いて、男と女との出会い・再会・そして三度目……と、男と女とが会うたびに流れる風俗歌謡曲について書いておこう。この風俗映画はまた、決定的な情緒纏綿たる歌謡映画としてもあるのであり、その何度も流れる歌謡曲の、その度ごとの使い方によって、時に男の心情を代弁し、時に女の内面に寄りそい、また決定的に二人の関係性そのものを異化するものとして――音楽は団伊玖磨である――、この歌謡曲の使用(多様な変曲をともないメロディの場合や、流しのチームを使っての歌唱がともなっている場合がある)は、意図的に繰り返される。この国の風俗メロドラマの伝統の一つに、歌謡曲を使っての歌謡メロドラマがあるが、この映画もその流れのなかにある。しかし、そうした大衆映画はまったく評論の対象となったことなどないが、この日本映画を代表する一つの潮流は長いあいだ、私たちの心性を規定してきたのであり、このヒロシマを問う風俗メロドラマにおいてもまた、歌謡映画風に、それを装ってノスタルジックな歌謡曲が使われるのだ。ここで使用される歌謡曲は『無情の夢』(佐伯孝夫・詞/佐々木俊一・曲)であり、あの「諦めましょうと　別れてみたが　なんで忘りょう　忘らりょうか……」という徹底した詠嘆の謳い上げのみによって自己憐憫を喚起し、その感傷のなかに全てを流しこむ、この情感の様々な効果は、この映画の結節点に、ある予感を導き出すものとして、日本人にとっては効果的な映画的な手法となって繰り返されるのだ。

その夜の出来事(2)

『やがてホテルに帰った男は、そこに女がいることを知る――女は男を待っていたのだ。そして女と男とは肩を並べて初めて夜の街を歩く。二人は互いに心を通わせる(ように見える)。そして、太田川の川岸に出る。その川岸で映画は一気にクライマックスを迎える。そのシーンをシナリオから全面的に引いておこう。シーン76とそれに続くシーン77〈ある旅館の一室〉である』

【シーン76】太田川の川岸(夜)

二人、しずかに手をとり合って、降りていく。月が中央にかかり、あたりに人影もなく、しずまりかえっている。

加宮「僕は、あなたという人が分かったような気がする。ほんとは淋しい人なんだな。僕が力になれることがあったら、なんでもしてあげる。僕でできることだったら、ほんとうに」

と、いいかける。

秋子、ツツっと川岸に行って、流れの中から石を拾い、加宮に手渡す。

秋子「これ……」

加宮「何?　これ」

秋子「ちょっと、握ってみて」

加宮握りしめる。石はくずれて砂になってしまう。加宮、ハッとする。秋子を見る。

秋子、しずかに見つめている。
加宮、さらに他の石をひろいにぎる。みな、さらさらと砂になってくずれる。
加宮「これは……」
秋子「この石は潮が満ちているときには、川の底にひっそりかくれているの。潮がひくと出て来るんです。ちょうどあの時もこんなに水がひいていたのね」
加宮「じゃ、原爆で！……」
秋子「(うなづき)こんな石がまだ広島にはたくさんあるんです。広島の石よ(歩きかける)」
加宮「(追って来て)君は……どうして……この石を僕に……」

【シーン77】川岸にある旅館の一室(夜)
加宮と秋子、向いあって窓辺に立つ。
加宮「ここなら、ゆっくり話ができる」
秋子「あなたは、どうして、あたしなんか、興味をお持ちになるの？」
加宮「君はどうなの。僕は好きだからさ。好きになることに理由なんかないよ」
秋子「……」
加宮「君は、僕を浮気だと思ってるの？」
秋子「……」

加宮「そういう商売をしているとムリもない」
秋子「いいえ」
加宮「いいえ、どうなの……僕は、あんたって人が……」
と、思わず、秋子を抱く。秋子、あえぎながら、顔をそらす。
加宮「僕がきらいなの？」
秋子「わかっているじゃありませんか。だけど……」
加宮「だけど、どうなの？」
秋子「それは……きっと、あなたが後悔するわ」
と、身をはなす。
加宮「後悔なんかしない」
と、強く抱きしめる。
秋子「待って！　待って！」
加宮「いまさら」
と、いきなり秋子をベッドに押し倒す。
秋子「あなたは、まだ、あたしを御存知ない……」
加宮「そんなことは、どうでもいいんだ」
秋子「待って、これを見て」

と、いきなり、自分の手で、胸元を押しひらく。スタンドのかすかな明かりに白く浮き上がった秋子の肌に、むざんなケロイド。それは、乳房も見分けられぬほど、大きく、べったりと、ひきつって見える。ギョッと顔色をかえる加宮。

『映画はこの二つのシーンに続けて、〈原爆の閃光〉〈きのこ雲〉〈黒い雨〉の実写が続き、元の一室にもどり女による、女の〈ヒロシマのあの時〉の告知がある。そして、女はこれですべての関係は終わったと言う』

シーン76での〈石〉のアレゴリーこそ〈視る〉とは何か、何が〈視えている〉のか、を問う。そしてこのことはモノとしての石でなく人間と自然性の全景、その現在の隠された存在形の、眼に視えぬあり様の根拠を問うことなしにヒロシマを視ること、考えることはない、のだと問いかける。この石のエピソードはシナリオ作家、白井更生が『二十四時間の情事』の現場で集めた――A・レネの『二十四時間』のために――様々な現実情報の一つであるのだが、白井がその後、発展的に暖めていたテーマであり、そのうえにこの『七十二時間』のシナリオは成立したのだ。この十七年目の復興した広島にあって、実はヒロシマは今も内なる人間性の内部に潜み、その全体性を拘束するものとしていたるところに遍在し、そのことを忘却しようとする、またさせようとする〈力〉に抗して今もヒロシマの現実として確実に屹立している。この女の〈存在性〉こそがヒロシマなのである。

元の一室〈夜〉

『静かに〈ヒロシマ〉のあの日を女は語る――その時、私は女学生であり、勤労動員に行く途中、原爆に遭い、それから、いつ自分の身体の中で、どんな変化が起こるかもしれないという恐怖に脅かされながら今日まで生きてきたこと。私には、もう女の幸せを望むことなど許されないこと。人にすがりたいという気持ちは切実にあったし、誘惑もあったが、この胸のケロイドが私をゆるさなかったし、いざとなったらこのケロイドから他人は逃げ出すだろうという気がしてこわかったこと。これで分かったでしょう。すべて終わりよ、と。

しかし、男はある高揚した激情にかられ僕は君を心から愛す、結婚しようと言い、僕は君の役に立ちたいと一人よがりに言いつのる。君の不幸は僕の不幸、君の幸福は僕の幸福だ、と女を抱きしめる。女は、後悔するわきっと、とうめくように慟哭するが、結局、男のその激情を受け入れたようだ。

そして一夜は明け、窓の外が明るくなり始める。

一人よがりの男の、女の十七年という長い全存在性を否定された時間を生きた、そのヒロシマの時間など、一方的に無視したようなヒロイックに高揚した激情――〈愛〉という想いがあれば女の十七年など無化できるという――に、女は絶対的な危惧を持ちながらも受け入れるだろう。この時〈性愛〉があったか、どうかは問題ではない〈事実、そのことは表象されることはないのであり、ここでは性愛関係は結局なかったと見ることも可能だろう〉、しかし、女はこの男のほとんど身勝手とも言える激情を受け入れ、その現実の内実がまったくわからない恐怖を、愛という幻想のなかに刻みこみ、〈愛という関係性〉を甦らせようとしたのだ。こうして奇跡的な関係性は成立した……ように見える。

その早朝、平和公園――第十回原爆記念日のデコレーションが準備されている――を歩きながら、「男は一緒に東京へ行こう」とせまる――でもなぜ、東京へ行かねばならないのか』

男は明日から(七十二時間の異常な激情の時は終わり、「祭り」は終幕となるのか)東京で仕事が待っていると、あの昨夜のヒロイックな激情の姿勢から一転、無意識の裡に日常へと回帰しようとし、女の現実など無視して東京へ一緒に行くことをせまる。この男の身勝手な言動は、女のやさしさを「その夜は忘れない」という、一夜の「無情の夢」の時間としてしまうのか。だいたいジャーナリストとしての男の広島は、イメージのヒロシマの祭りを、さらにマスコミ的に謳い上げるためのものだったのであり、その夜の出来事など、その過程で男の思いこみによって生まれた一人よがりの身勝手なパセティックな虚構の出来事ではなかったのか。『二十四時間』が徹底して現実的な思考世界のなかでヒロシマを描こうとしたのに対し、ズブズブの世俗世界でのメロドラマである『七十二時間』は、どこまでも己の現実生活への反省のない、歌謡曲世界のステロタイプな「愛」の思いこみだけがあるのであり、日常という足枷に全行動と想像力とが捉われてある。ここには平和運動の政治主義的キャンペーン運動と根底ではどこまでも繋がっているものがある。

男はこの誰もが当然なことと思いこむ日常への回帰を疑うこともない。しかし、誰にとっても疑われることのないこの日常性こそが、この現実のヒロシマという現在を生きる全存在性の否定という現実を作り出し、ヒロシマを視えなくしてしまっていることに、男はまったく想像力を働かせない。平和の季節としての広島も終わろうとしている。

原爆病院にて

『単純に男の心性だけに身を預けることに危惧を感ずる女は、自らを納得させるために原爆病院を訪れ、あの医師に男とくらすことについて助言を求める』

当然の如く医師は、あなたが結婚することが、あなたの身体にとって良いか、悪いか判らない、と言う。女はそんなことを聞きに来たわけではない。しかし、この医師として当然と思われる言説は、実に残酷な告示だ。女の意志によってではないにも関わらず、女が苛なまれている女の現在の状況に対して、一切は自己責任である、と告げているのだから。原爆の悪意とは、どんな被爆者にとっても決して終わらない——当人はまったく感知しない世界情況のなかで起こされた出来事にも関わらず——自己責任を要求され続けていることだ。ヒロシマとは、現実の世界の関係性のなかで、決定的な政治的恣意によって生み出された政策によって生じたことを契機に、そこに偶然いてしまったその人自身の選択を拒否された果てに生み出された、全世界性からの人間性の拒否であり、その状況は解決されることなく、持続し続けてあるのだ。そして、そのことを私たちは、当然のことのように思いこみ、この情況を許容し続ける。医学も、総ての近代的科学もヒロシマの前には無力なのであり、無力であることを判ることによってしか何事も始まらない。

再び夜の広島駅

『上り〈あさかぜ〉――男が東京からやって来た時に乗っていた――が入って来る。女は、その男の東京へ行って一緒にくらそうという安易な〈願い〉に対し、東京へは行かない、と男との同乗を拒否する――東京へ行ってもヒロシマは終わらないのだから(広島とは別れられるとしても)。男は、女のことなど無視したかのように、一方的に「近く迎えに来るから」と言い残し、一人東京へ帰って行く。そして二人は、再び会うことはない』

列車で始まったドラマは列車の別離で、まさにメロドラマ風に終わるかに見える。しかし、映画にはその後があるのだ。そしてここにはシナリオ世界が構築した、男と女との決定的な〈断絶〉と、実際の〈映画〉が描き出した典型的なメロドラマの構造のもつ、この国に特有な情緒世界への傾斜との差異が出現することになったのである。そしてその結果、私たちの前には、反省的に視られることなく自明の如く現出した映画=イメージがあり、その内実こそは、この国の映画的連続性を持続したままにある、私たちを包み込む風俗メロドラマの罠なのである。メロドラマの罠とは、その物語性が自明のものだとして、疑われることのないままに私たちに許容され、私たちの内に持続される私たちの心性そのものなのだ。

つまり、A・レネの方法によって、この国のメロドラマ構造を内在的に批判することを通して、今、ここで、ヒロシマを考えることを意図した白井による〈反メロドラマの構想〉は、安易な吉村的映画世界の導入によって『二十四時間』以前の世界に回帰し、この国の映画を凌駕していた抒情世界のメロドラマの裡に、その先鋭な試みを溶解してしまうのである。では『七十二時間の情事』のラスト数分のドラマを追ってみよう。

まず、私たちの目の前にある吉村公三郎監督作品としてある『その夜は忘れない』から物語の進行を見てみよう。

東京／あの広島駅から数カ月後／ヒロシマ再び

『東京は木枯らしの季節である。ジャーナリズムの現場で日々、次々に起こる事件を追って忙しい毎日を送っている男の元に――その心の内は殺伐たるものかもしれない――一通の「届け先不明郵便」が返送されてくる。男が女にあてて書いた手紙である。男はあわてて友人・菊谷に電話を入れて(男友達には気軽に電話を入れるにも関わらず、女にはそれさえしていない)、女の所在を確かめようとするが、菊田はあっさりと、女はバーを辞めたこと、詳しいことは分からないこと、すぐ来られるのだから広島に来て自分で調べれば良いではないか、と電話を切る。

あわてて広島へと赴いた男は、バー「あき」を訪れるが、もはやそこは別人が経営しており、八月にいた店の子によって簡単に事実が明らかにされる。すなわち「女が死んだこと」。あの頃から女は疲れていたこと――土曜を休んでいたのもその所為でであること、などを知ることとなる。

愕然とした男は、すぐに女との真の出会いの場所である安芸を訪ねる。そこで女の友人である、ABCCでも会った（多分、その友人も女と同様被爆者であるのだろう）女友達から、女が死の前の数カ月をどう過ごしたかを聞かされる。すなわち、広島駅での別れから少し後に、女は白血病――ずっと女が恐れていた――を発症し（長い間、ずっと体調を壊して闘病状態が続いており、安芸に来ていたのもその癒やしのためであった）、あっけなく死んだこと。女は、男にそのことを知らせるな、と言い残していたので、自分だけで弔ったこと。その間、男からの便りを読むことだけを心の支え、唯一の慰めとしていたこと。手紙など、どんなことでも書ける。しかし、女は多分、男の文字を信じたいと思いたかったのだ。この闘病の時間だけ――男との関係を回想すること――が、彼女にとって唯一、愉しい時間であったことなど、を』

この女友達の回想の間――その回想はあくまでも女友達が紡ぎ出した物語である――、典型的なメロドラマの手法に則って、あのパラソルのカットを始めとして、女と男との『七十二時間』の想い出――それは決して反省的にではなく情感たっぷりに――のシーン・カットが積み重ねられる。女と男とは「幸せ」の時を持ったのだ、と思いこみたい、作り手の作意とそれを要求する（だろうと、映画人に信じられた）観客の心性とがこの回想シーンを産み出した。しかし、女友達の語りの裡に、女の内面を表出する意味があるのか、どうか、真実なのかどうかは判らない。それはどこまでも女友達が作った、一つの物語でしかない。そして、その物語は真実のようにあり、メロドラマは完成する。本来、この女の時間は誰にも語れないことではないのか。そしてこの女友達の話のどこにも、女が男へ連絡をとったことがあることは語れていない――女にとっては、あの広島駅で別れた時が、実は女による男(東京＝私たちの世界)の拒否そのものであったのだ、としか思えない。しかし、そのことを含め、このほとんど通俗的な回想シーンのつみ重ねによって『七十二時間』は『二十四時間』の世界を遠く離れ、日本的メロドラマに全面的に回帰する。表象することのできない死者の内面が本当にそうあったように表象される。シナリオにはない通俗ドラマが映画として作為され挿入される。それまで常に曖昧で両義的な表象を行ってきた『七十二時間』は、ここで紛れもなくオーソドックスな風俗ドラマそのものとなって『その夜は忘れない』となるのだ。そこには、戦前から続く、自明の映画文法への安易な寄りかかりがあり、そうでしか映画的ドラマは成立しないという疑われることのない自明の了解がここにはある。このことによって、旧来のヒロシマを考える映画に対し、そのことを内在的に批判しつつ、ヒロシマを視ることを視つめよう、考えようとした意図は、この数分の回想シーンの導入によって消滅する。そしてヒロシマの「悲劇」が型通り、誰もがそうあると思いこんでいるように浮上する。語りえないヒロシマが語られ、やがてヒロシマは涙のなかでメロドラマとして解消される。

でもそうなのだろうか。私は本来、出来上がった映画に対して、それを確認するためにシナリオを読むことはないし、そうすべきだとは思わない。シナリオは映画製作の一過程であり、それは映画の成立と共にそのなかに流入してしまうものと思っている。しかし、この映画を『七十二時間の情事』として観てきた私は、この回想シーンに根本的違和感を覚えシナリオを読んでみることとしたのだ。そして、映画とシナリオの間にある、ある決定的な違いを見つける。

シナリオには、この映画を旧来のメロドラマの構造に決定的に回帰させた「安芸のシーン」もその間に起こる女友達の「回想」も一切書かれてはいない。メロドラマの核となる甘美な回想はもとより、男の罪を洗い流す女友達の証言もないのだ。男と私たちを安心させる映画的装置の一切がないのだ。

このノスタルジックな回想シーンは、映画製作過程で監督・吉村公三郎によって作られ、挿入されたものであるのだ。もしも映画的に付け加えられたシーンのないシナリオのままに映画が作られたとすれば、私たちは女の死の現実についてだけ知るのであって、そのことについての物語などなしに直接その死と向き合い、ヒロシマそのものを問うことを要求されるだろう。しかし、現実にある回想とその通俗的な説明〈女友達による物語〉が招来することは、私たちが女に刻印されたヒロシマについて考えるのではなく、悲しみのドラマのなかでヒロシマを考えることを閉ざし、甘美な回想のなかで、ありもしない女の物語に私たちは充足することになるだろう。そしてメロドラマは完結する。そこには、そのようにドラマを作ることこそ〈映画〉なのだと思いこんである旧い映画的方法がある。ここには映画の〈戦前〉的方法を自明なものとし、戦後もその反省のないままにそれを遵守した映画的思考が現出してある。そして、そのことを批判しようとする、メロドラマ映画構造批判を内在したシナリオに見られる真に〈戦後〉的な映画方法を探ろうとした者との決定的な違いが存在する。シナリオには回想シーンなどない。まして女の内面の説明など一切ない。ヒロシマを表象する不可能性。

シナリオでは、男がバー「あき」を訪れ、女の死を知ったことだけがあり、一直線に次に記すシーンへと繋がるのである(以下は勿論、実際の映画でも表象される)。

太田川、再び

『男は、真っすぐに冬の太田川へ向かう。川は八月の時とは違って、満潮である。しかし、男はその水のなかに突入して行き、水の中を必死に手で探る。石。あのヒロシマの石を採り出し、石を強く握る。粉々に砕け散る石が手のなかから砂となって零れ落ちる。

カメラ、男の顔に向かって前進移動。ダブって、あの「安らかに眠って下さい……」の「碑」への三度目の前進移動。その後、男は東京へ帰る。夜汽車の外を広島の光景が流れて行く……』

実際の映画とシナリオとの断絶。シナリオでは、明らかに十七年後の現在における私たち総ての人間のヒロシマをめぐる、表面的な〈悲劇〉への志向、すなわちメロドラマへの傾斜と思い入れを剔訣し、別な方法でヒロシマを問う方向が明示されてありながら、実際の映画ではそうならなかったことの違いがはっきりとあることが、実際の映画とシナリオとを比較しながら見直すことで明確にわかる。そこでこれから、多少煩雑なることをいとわず映画として成立した実際のイメージの批判と、シナリオが行おうとしたヒロシマについての表象の不可能性、ヒロシマの愛の不可能性と可能性とについて考えて見ることとしよう。

別離の後の無為の日々（男にとって）。そして女の死。その悲しみを情感いっぱいに謳い上げるノスタルジックな甘美な回想。なんの批判的手法も用いられることのない完結した物語。ここには男と世界への批判的視点などまったくなく、ただ、男の側から一方的に想い出される懐かしく幸福な想い出の光景があるだけだ。だから、男は女がヒロシマの現実を提示するために導いた八月の太田川とその石の内実については、自らの習慣的でステロタイプ化した位相を顧みることなく、ただ単に被爆した女によるヒロシマを視ることの表面性の批判としてしか――十七年目のヒロシマの内実を視ようともしない日本人への批判としてしか捉えない――考えられなかったのだが、女の死によって始めて、男は男の存在性そのものへの批判を含め、ヒロシマを視ることの深い内実――私たちの位相と歴史そのものを含む――を視始めるのである。この石を巡る物語こそ、女の提示したヒロシマの〈現実〉のアレゴリーとしてあるのだ。そして、このアレゴリーの提示以外にどんなヒロシマについての表象があるのか。そして、紛れもなく、私たちのあり様を問うことそのものをないこととした宣言として、公的に明らさまに表象したのが、あの「安らかに……」の石碑であるだろう。そしてこの碑文をなぞるかのようなヒロシマのメロドラマシーンの浮上は、映画製作過程で監督・吉村公三郎によって、その「映画」という旧来の形式へのぬきさしならない慣用的思考とそうした自明の方法への疑うことのない寄り掛かりによって生じているのだ。すなわちそこに作用したのは「劇」というものを、判りやすく安易に〈説明〉するためにその中心人物の行動と内面の理由――動機――を明らかにしなければならないという、日本映画の歴史のなかで作られた強迫観念によってであり、不可解で曖昧で両義的であることを拒否しなければならない、という日本の映画史を規定してきた正統的な考え方がここには持続されてあるのだ。そしてそのオーソドックスなドラマの中心には、メロドラマがあり、メロドラマにおいてこそ、男女の〈愛〉の内実を観る者に納得させねばならないということなのだ。だから、ヒロシマを表象する不可能性や記憶のいかがわしさや曖昧性などは存在することはないのである。こうして誰もが受け入れるドラマとして完結するものが目指される。しかしそれでもこの『その夜は忘れない』はメロドラマとしても充分とは言えず中途半端なものとなっていないか。例えば、少なくとも数カ月の間に男は女に電話一本、なぜ入れなかったのか。一度ぐらいは夜行列車に乗れば良かったではないか、と突っ込みさえ入れたくなってしまう。突っ込みが入れられること程、メロドラマとして致命的なものはない。涙の内にすべてを納得しなければ完結したメロドラマとはならない。このことはメロドラマを拒否するシナリオとメロドラマに改変しようとした実際の映画との間の裂け目に埋め切れないものがあったから生じたことではないか。

ヒロシマを表象する不可能性の表象、そのことこそが――シナリオはその思考の上に成り立つ――、安易なメロドラマ性の介入を拒否するだろう。そのシナリオが表象した世界は、おそらく〈愛〉の絶対的不可能性なのだ。ヒロシマ以後の十七年をふまえ、表面的にはどこにも見えないかのようにみえるヒロシマを、週刊誌記者が恒例のように「また巡ってきた夏」の現在を探るという型通りの企画とその取材を通して、その過程で、実はそのステロタイプ性そのものが追放してしまったヒロシマの現実を女の行動によって偶然に見つけてしまうのだが、男はそのことにヒロイックに酔い、ヒロシマとその愛を視つけたように錯覚し、多くの映画にあるような出来合いの恋を成立させるため、激情したヒロイックな姿勢で女にその関係性の成立を要求する。しかし、その男の擬制的なあり様に危惧を感じた女は、男の擬制的愛を拒否するのだ。こんな峻厳な関係性などメロドラマではありえないのだから、既成のメロドラマ手法の導入などでは通常の映画としても、どこか割り切れない感じが生じてその隙間を埋めようがないのだ。

シナリオは男の思い上がった無責任な姿勢をまず徹底的に暴き出すが、この男のヒロイズムこそ、その思い込みをヒロシマの愛と勘違い、その結果、安易な行動となって、現実として差別する者となる私たちのこの現実性そのものだ。そのことのきわめて低劣な表現は、「絆や勇気をもらう」などに表出される。こうした関係性のなかでは真の愛の関係性など成立することはない。そこに成立したかに見える幻想など、週刊誌の特集記事と同様なものであり、その幻想の上に成り立っている情事など、一夜の行きずりのラブアフェアにしかすぎない。

そうではないのだ。必要なことは、ヒロシマでは、愛など成立しえないことをはっきりと知らねばならない。ヒロシマの愛は、その絶対の不可能性の上にあることを知った上で、そのことを全面的に受け入れることによってしか成立しないのだ。愛の不可能性を不可能性として受け入れること。思い上がった行きずりのヒロイックな愛情行動など少しの時間が経てば、やがて逡巡に変わり

——男の東京の日常がそうだ——、その究極の絶対性からの逃亡を招くのである。男の『七十二時間』の後の語られることのない無為の長い時間こそ、女の死を招来したのだ。思いこみの上にあった男の関係性からの逃避こそが、ヒロシマを世界からの孤絶を招いたのだ。

女はそのことを——これまで女を通りすぎた多くの男との経験から——、良く知っていてヒロシマでの愛は不可能であることを感じ続けていた。一夜の情事は可能だとしても。だからこそ、女は男を許し、男を受け入れたのだ。女は、男との幻想の関係性を死の予感のなかで演じたかったのだし、その幻想の関係性のなかにいっときの安息を覚えていたのだ。

自分の意志によってではない、女の背負わされた状況は非日常化としてあり、それに対し、男は短い権力的な非日常生活を生きているのである。だからこの位相の違いによる出会いは、絶対に交わることなどないのだし、できないのだ。

この交わることのできない互いの存在性を受け入れることによってしかヒロシマの〈関係性〉の成り立ちはない。

ヒロシマを表象することの不可能性とその愛の不可能性という、この世界の絶対的断絶をヒロシマは今も生きている。そしてこの苦い関係性を作り上げているのは、この男を含む私たちである。『七十二時間の情事』においては、その後の数カ月のそれぞれの時間は描かれることはない。ヒロシマから逃亡した男の日常などましてや表象されることはない。ただ女が死んだことを知った男は始めて、自らが安易に〈愛〉などと女に語りかけていたことの徹底的な軽薄さを知って、女がヒロシマを理解することなどできない——女は最後に言っただろう、良く考えなくては、と——と、その全存在性を賭して語っていたことを卒然として受け入れ、今度は自らの行動として川へ入って行き、石をひろい自らの犯罪性に気づきヒロシマへの想いを新たに致すしかないのだ。

この映画はまた、吉村公三郎という映画の自明性を疑うことのない「戦前」的スタイルを持続する監督の旧い固定的な演出によって、戦後派女優たる若尾文子の「存在性」が、吉村の手の内に限定されることによって、若尾という存在性の持つ自由さや、軽快さが、旧いメロドラマという小さな枠のなかに封じ込められ、若尾文子出演映画のなかでは、残念ながら彼女の独自な資質が出ていない作品となってしまっているように思う。このことは吉村の演出力とはまったく違って、役者を持ち駒としか認識しない旧いスタイルの監督すべてが持つ時代的限界なのである。と同時に、この映画からは、自らをどう表現して良いのかにとまどった若尾の苦しさが滲んでいて、結果として彼女の意に染まぬ映画となってしまったことがわかる。

私は前章で、戦後派女優・若尾文子の新しい存在性について書いているのだが、この映画については「無念」と言うしかない。

今日、「3・11」後の時代に、ヒロシマ以後とまったく同様な情況が現出している。もとより、ヒロシマにおいての七十年後の今もその絶対の不可能性の情況は続いている。

映画『その夜は忘れない』(一九六二年、大映作品)
監督・吉村公三郎
脚本・白井更生、若尾徳平
撮影・小原穣治
音楽・団伊玖磨
美術・野間重雄
助監督・白井更生
出演・若尾文子、田宮二郎、川崎敬三、中村伸郎、長谷川哲夫、江波杏子

付記

この映画の後、白井更生は大映を辞め、一九六六年に自らの製作体制を組み、ヒロシマについての刺激的な映画を監督・脚本作品として作り上げる。『ヒロシマ　一九六六』である。この作品には後に、日本のアヴァンギャルド映画の先導者の一人となる金井勝がキャメラマンとして加わっている(主演は望月優子)。

なお、本稿を書くに際し、いまは亡き白井更生監督の奥様に『その夜は忘れない』と『ヒロシマ　一九六六』のシナリオを借用したことを書いておく。感謝。

第三章

映画と「昭和史」を解体する爆笑喜劇

戦後史的課題と向き合う――

『グラマ島の誘惑』

（監督・川島雄三）

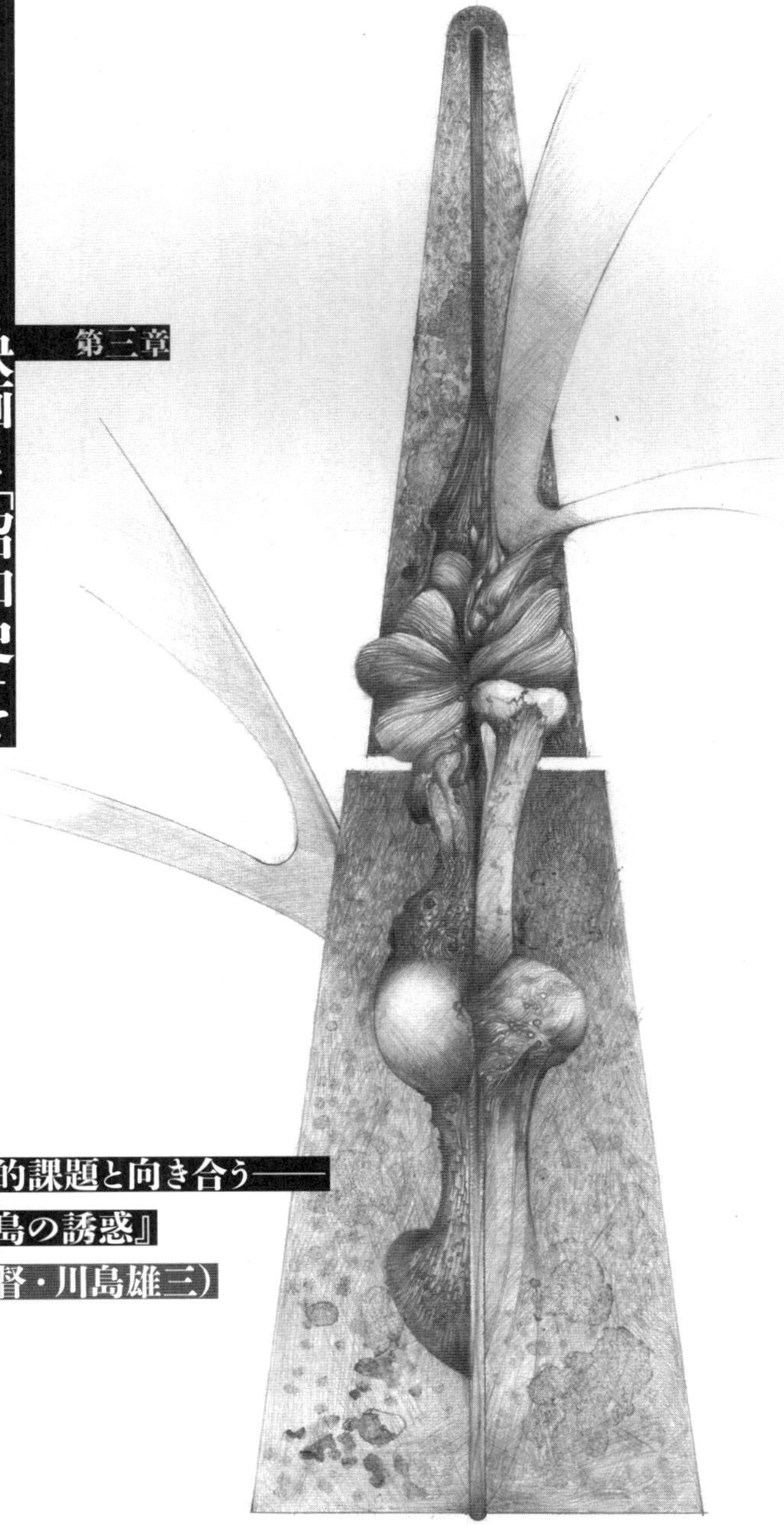

「ハムレット1とハムレット2」

私の製造元の亡霊がやってくる、頭蓋に斧を突きたてたまま。斧の帽子はどうぞかぶったままで、わかっています、父上には余計な穴がひとつ頭にあいているんだから。母上に穴がひとつ少なかったらよかったのにと思う、父上がまだ肉体を備えていた頃。そうすれば私もこの世に生まれないですんだのに。女たちの穴は縫って閉じてしまうといい、母たちのいない世界。そうすれば私たち男どもは安心して殺しあうことができるだろうに、人生が長すぎても、叫ぶのに喉が狭すぎても、少しは確信をもって。父上　私にどうしろと言うのです。……世界が回っているからというだけで　それにつかまっているというのか

主よ　酒場の椅子から転げ落ちる時に　私の首の骨を　へし折り給え

（ハイナー・ミュラー『ハムレット　マシーン』岩渕達治・谷川道子訳）

映画を解体・構築する、川島雄三

日本の戦後映画史上、おそらく最も猥雑で、多声的《ポリフォニック》で、ある面難解で、同時に徹底して作為されたいい加減な映画であり、かつ、その広く深い批評意識の貫徹した内実において、ある面ブレヒト的な〈曲線的〉な世界の視方を意識的な方法として行った問題作として、この『グラマ島の誘惑』があることをまず言っておきたい。ポスターに載った宣伝惹句は言う——爆笑連続！　南方戦線異常あり！　女の孤島に展開する最大の珍事、情事、惨事！　この惹句は見事にこの映画の内実を浮上させる。戯画化された天皇制、聖なる者と不浄なる者との姦通、そして沖縄・核・ジェンダー……ここには戦後日本のアポリアが、なんとも巧妙に、かつグロテスクに展開され問い直されている。おそらくこの商業娯楽映画程に、映画そのものの全ゆる制度性を解体し、その徹底性において近代日本の最大の課題である「天皇制」を始めとする戦後のタブーに挑んだ映画は他にないのではないか。

ここで川島雄三が展開した世界はまず、徹底的に完結した映画のストーリー性を解体することであり、物語を小さな出来事＝エピソードへとその歴史的持続性を分解し、その小さな分解されたピースを、彼は独自な批判的構想力によって再構築し、彼にとっての批判的戦後史——断っておくが、その射程は3・11後の世界と「共謀罪」法施行以後の今日までも確実に及んでいる——を作り上げたのである。川島はきわめて意図的に歴史を分断、細分化し、その一つ一つの断片をまったく新しい視点によって再構成しつつ、別のコンテキスト、すなわち連続した自明のそれを異化し、その断絶や反転、そして停止などの作業を行うことによって検証し、構成し直し、観る者に変わることなく連続しているかに見える戦中・戦後史(昭和史)の既定的自明性の擬制性を浮上させる。その具体的な方法は、まずこの日本という国体から断絶された実験的な小さな一つの島——そこには三人の男と九人の女たち、さらに一人の原住民男性だけが生きる——を想像力によって建ち上げるのである。そしてこの川島の作り出した実験島(グラマ島)で、昭和史の出来事をそれらの島民が成立させる一人一人の物語として建ち上げ、そのエピソードの組み合わせによって、断絶なき連続性として現前する昭和史を異化する。その上で川島は、彼の虚構された喜劇的「劇空間」——原作である飯沢匡の劇作『ヤシと女』をも異化した——として、川島によって映画的に再構成された出来事それ自体として提示する。その際、出来事の一つ一つはきわめて多様な視点によって視られ検証されたものであり、教科書的に整序された「事実」が並べられ、理由付けられてはいない。その上に川島の方法は一つ一つの断片の意味を剥奪し、換骨奪胎したものであるのだから、表面的にはきわめてナンセンスないい加減な人間喜劇となる。すなわち、「喰うこと、目合うこと」に集約されるきわめて下世話な身体的身振りとして映画的には表出する。そのことは、一人一人の、一つ一つの所作や発される単語のニュアンスなど細部に色濃く滲み出る。この日本の「国体」によって規定された身体性の細部こそ——この描写こそが映画だ——が、ナンセンスを視つめることにとって決定的に重要なことなのであり、喜劇映画の批評性であるだろう——世界の意味を剥奪すること。

「タバコ」というエピソードが招来する「終末」

この小さなエピソード（身体に刻印された天皇制）の表象とはどんなことかを、例えばこの映画で映画を貫いて繰り返される一つの小さな——物語とは直接関係ない——エピソードを例として見てみよう。『グラマ島の誘惑』という映画は、実は「タバコ」をめぐっての映画であるとも言えるのである。島に幽閉された皇族の一人、兄宮（森繁久弥）は、映画の最初から最後まで「たばこをのむ（あくまでものむのであって、吸うのではない）」ことにこだわり続ける。すなわち映画の冒頭において、孤島に漂着したことなどの危機状況にはまったく関心を持たず——そうしたことはこれまでも常になんとかなってきたのであり、それを疑うことなどないのだ——まず弟宮に最初に言うのが「たばこ持っていない？」であり、映画のラスト、実に皇居前（二重橋前）で侍従に問う台詞が「お前たばこ持っていない？」であり、それに対し侍従は「はい、新生でございますけど」と応じ、宮は「結構」と火を点ると、次のカットはなぜか、どこか、どんな理由かは、まったく判らぬけれど、巨大なキノコ雲（多分、水爆の）が噴出し、画面全景を覆う——ここには様々な問題が含意されており、また様々に解釈可能だけれど——ショットで映画は終わるのである。このタバコをめぐる小さなエピソード（そのロケーション、その状況のなかでのタバコをのむという行為）の持つ身体所作が生み出す、世界の寓話性、アレゴリー性は映画全体を規定し続け、昭和史を批判的に捉え続けてきた川島の、ある究極の表象となっているのではないか。よく一本一草にも天皇制が宿るといわれるが、実は天皇制の影は人の「感性」、つまり臭いや嗜好のレベルにこそ及ぶのだ。このタバコをめぐる皇族と民衆との関係性――嗜好における抑圧性――は、紛れもなく感性・嗜好のレベルにこそ顕現する天皇制の影を表象してはいないか。そしてそのことに川島は自覚的である。このタバコをめぐるエピソードは、そのまま民衆において繰り返され、身体運動そのものとなって全ゆる時空(戦場までも)で繰り返される。大衆の視線で映画を作ってきた、川島だけが、この感性に表出した天皇制を剔抉しえたのではないか。小さなエピソードが世界を撃つ。そしてこの映画には、こうしたナンセンスなエピソードが至るところに配置されてある。

世界を喜劇として視る

川島の世界は、世界を喜劇として視るという方法意識に貫かれて、その歴史の全景は正当な歴史叙述を徹底的に異化解体することになる。なにしろ、タバコをめぐる断片の涯に――「新生」、新しい世界が見え始めたかと思いきや、地獄めぐりを経て、たどりついた新生の地平で――世界の終末を見ることになるのであり、それを招来するのは、タバコをのむことへの身体的欲求なのだから。つまり事実(と言われる歴史的現実)は、まったくバカバカしい歪んだ変形された鏡像として表象化されてあるので、そのいい加減さが圧倒的に露出し、ナンセンスな、自明の世界から意味を剥奪し、歪んだ像のままに私たちの前にそのグロテスクな裸像が曝し出されることによって、まったく別の現実性となって現出する。その意図的な自明性の解体と別な文脈の構築とは、まさに川島雄三の眼差し、志向する方法である。このように世界を喜劇として視るという稀有な才能を持った映画人は、この国では少なく、この川島の方法の追求こそは、この国ではきわめて貴重なものである。

笑いと娯楽とが、膠着した思考と理性とを異化し刺激し、別な世界を垣間見せること。コンテキストや状況に応じて、意図的な進行の中断や飛躍、さらには転回を手法として、自在に変化するこの喜劇的方法意識には、きわめて意図的な川島の観る者を挑発する映画的意志がある。だから同じ喜劇といっても、例えば「寅さん」の世界はどこまでいっても、その物語は切断されることはなく、一篇の「ストーリー」として完結するのだが、川島の世界はそのストーリー性そのものを分断し、一つ一つの出来事に還元し、その連鎖の上に映画はあるのであって、決して一つの物語として完結することはない。「寅さん」の世界においては、人と人、人と物との関係性が、偶々、中心人物の偶然の思い込みによって関係がズラされる、その差異のなかに笑いが生まれるのであり、したがって中心人物の確固とした世界そのものはまったく安定しており、観る者はその前提の上での行き違いを安心して笑うのだ。つまり、映画の世界と観る者の存在性そのものが揺れ、笑われることは決してない。しかし、川島の世界においては、世界は安定的に一つではなく、そのエピソードごとに異なった世界のあり様として別の側面を現出し、一つ一つの断片化された世界そのものが異貌の世界となって、私たちに私たちが信じこんだそれとは別の世界を提出するのである。あるいはそれまで当たり前と思い込んでいた前提と、この地平そのものが違ったものとしてあることが露出し、自明の世界は別の位相の下に再提出され、これまで正常と思われていた世界が歪んだイメージとして露出するのである――ストーリーを断片化すること。同じ喜劇というジャンルにあっても「寅さん」的世界が世界の全的肯定の上に成立しているのに対し、川島の世界は、このある世界への否定、疑い、あるいは批評的見方に立っているのであり、この違いは決定的だと言える。そして、こうした川島の喜劇的資質の集約された世界がこの『グラマ島の誘惑』なのである。

孤絶した島という舞台

さて、この映画がきわめて明断に表象する世界は南洋の孤島という小さな川島の設定した、どこにもないどこかの島である。この作られたグラマ島はあくまでチープで、いかにも作りもののセットとしてあり、これはリアリズム風に作為された島ではなく、あくまでも虚構の島であることがはっきりと示されている。普通、映画は現実=リアルらしさによって、その状況がいかにも真実であることを強調するし、そうした前提で映画は作られる。そのことに比して、舞台の装置はどんなにチープなものでも、観る者はそこに観客の観たい真実の光景を見出す。つまり舞台の観客は端から舞台を主観的にリアルな世界として観るのであり、作り手と観客はその共犯関係の上で舞台を作り、観る。しかし、映画は映像の現実らしさを前提に、観客はスクリーンに真実の世界を観る（いくつかの、そのことを批判する前衛的映画以外は）。つまりどんなに虚構の光景でもそこにリアルな状況を視るのだ。しかし川島は商業娯楽映画であえて、この島はどこにもないどこかの島であること、川島の映画が作り出した虚構の島であることを明確にする。そしてこの島こそ、すなわち「日本」という列島のアレゴリーである島とする。そして、その島では宣伝コピイに言うように第一に最大の珍事、すなわち絶対に同一の地平にくらすことのない、「聖なる存在」とまったくの「不可触賤民」とが同一の土俵でくらすことになる。第二に異常な情事、すなわち神聖なる万世一系の不可侵の存在と不可触の民とが性的関係を平然と結ぶことになり、その不可侵の神聖さに民衆の生の全てが包摂されるかに見えながら、自然に沸き上がる不可触の民の抵抗運動によって、絶対に侵すべからざる絶対的関係性が宙吊りにされ、批判的に民衆の前に曝されることになる。第三に惨事、すなわち民衆における民主的変革と、その反動と、そうしたことを総て超越して投下される〈原水爆〉のキノコ雲のなかに、民衆が放置されるというきわめて危険な（しかし、喜劇的出来事としてあるので観客はそのことに距離をとって向き合う）、世界の終末の物語として映画はあるのだ。だから『シンゴジラ』的な作為されたリアルポリティックな本当らしい虚構の物語とは決してならないし、その架空のリアルさに観客は呑み込まれることはない。観客はあくまで批判的に架空の物語に対峙する。

なによりもこの世界を自明のものとする視点、世界の安定を前提とする喜劇からは生まれえない、不可侵の神聖なる至上の存在が不可触性の存在によって徹底的に――きわどいギリギリの地平において――引き回され、愚弄され、最も不浄なる存在性が聖なる存在に抗う、なんともグロテスクな性的関係性の明らさまな表出はもとより、島全体（戦中から戦後民主主義、アナタハン島事件とミッチーブームが無責任な熱狂のなかでお祭り的に人々を狂騒させた時代）のあり様がきわめてバーレスク的な特別な世界――バフチーン的カーニバル世界、上が下になり、下が上になる――をなんともバカバカしく表象して、この映画はまさに、戦後映画史上、最もいかがわしく、かつ日本映画の欠落を埋めるための問いを挑発的に発する映画としてあるのだ。まさに「カストリ文化」時代の全体的表象でもあるのではなかろうか。だいだい、この映画の元になった戦争から見離された一人の「美女」と三十数人の男たちが南海の孤島に残されたという虚実織りまぜての「アナタハン島事件」そのものが、カストリ時代にふさわしい事件、あるいはアングラ文化のきわめて早い予告でもあるのだろう。島は、この日本を、最もストレートに、単純な形で表象し、そこに住む人々〈島＝国民〉の心性の基層にあるものをも浮上させ、不浄な世界こそが、聖性を支えることを表出する。

喜劇＝腹話術的世界

ではこの映画には、それまでこの国で映画にとって自明のこととされてきたストーリー性が追放されてある事はどんな意味があるのか。当たり前のようにそれがある事が、当たり前のように前提されてきた根拠に、この世界が自明のようにあり、この世界そのものの根底は揺るがないのだという信仰があることを私は何度か言ってきた。しかし、あえて川島がストーリー性そのものを解体し、その断片のなかに批判的な物語をイメージし、その批判的運動の連鎖のなかから、別のイメージを紡ぎ出そうとする試行こそが、川島が試みようとした映画の運動なのであり、この映画の運動とは世界の自明性を疑うことであり、この現にある世界を前提とする自明の映画性を解体する運動性であることをも言っておかねばならない。断片にまで解体された一つ一つの事柄を批判的に捉え、当たり前にあるこの世界そのものの文脈を再構築し直すこと。それこそが実は、喜劇的に世界を見、そのことに立って喜劇的に映画を作るということである。そして喜劇的試行とは決して直線的な運動ではない。常に多面的に情況に向き合うことが要請される。そして多面的にイメージを提出することが求められる。つまりある定点に留まることを止めねばならず、常に流動的に映画を運動させねばならない。

喜劇とは「腹話術」の世界と似ていなくもない。それは腹話術の世界のように二元的であり、同時に一元的である多面体世界としてあり、発話する者と発声する人形とは、まったく別々の個体でありながら、術師と人形とは一身同体の存在である。同時に発話者と発声者とは一体であるように見えるけれども、まったく別々の位相のあり様でそれぞれに向き合い、それぞれを批判的に演じるのである。この二元的あり様、つまり一元的あり様であることを解体する二元性という複合的あり様＝世界の見方・演じ方こそ、自己同一性を旨とするメロドラマの対局にある批評性の運動であるだろう。ここに喜劇は成立する。喜劇はきわめて複雑で曲線的な営為である。だからここではストーリー性の追放と同時に、当たり前のように前提とされる「役」のキャラクター性などまったく意味をなさないのだ。不変のキャラクター性がストーリー性を演ずる時、そこにあるのはあらかじめ予定されたこの世界の制度性であり、世界の秩序化でしかない。

キャラクターとはこの状況のなかで、どう行動するか、ということであり時々に変動し、その運動性を状況に向かって様々に問いかけるきわどい運動性であるだろう。したがって腹話術の術師は、発話した言葉を発声した人形のキャラクターとして話すことによって、この自己ではない別の人形となり、同時にその別な人形を演ずることで発話する別な自己をも同時的に形成することになる。この相反し、矛盾する二重性を自覚的に生きる運動こそは、この世界の変動を予感的に生きる喜劇映画の運動性なのである。川島の『グラマ島の誘惑』もまた、この腹話術の運動性を生きる映画なのである。

この映画の中心人物、二人の男の皇族は「天皇」そのものの多面性を表象するために、あらかじめ二つの別々なキャラクターを持つ者として兄＝弟宮としてされ二重化されている。ジキルとハイドである。このことはけっして「分身」（という、ホラー映画の手法）ではなく一体そのものの有する多面性の表出なのである。こうして多面的な天皇イメージは提出される。そして天皇制とは、日本人の総て――その心性を含めて――を表象し、そして一人一人の日本人が映し出される鏡面の運動性であることが浮上する。固定的で不変のキャラクターなど、そこにはない。多くの日本映画の天皇表象は、喩えば「八月十五日の言葉」だけを採り出すきわめて一面的なものでしかなく、戦争責任問題を予感させる映画も、戦後責任の問題に関して表象することを同時的に行うことを決してしてはいない。天皇は、八月十五日の意味不明の宣言によって、十二月八日の開戦宣言をもチャラにする、そうした二重性を生きる、無責任者な存在である。変幻自在に変化し、私たちを包摂する抑圧的多面性こそが天皇制であるだろう。その天皇制そのものを如何に相対化するのか。川島の『グラマ島の誘惑』――天皇制の誘惑でもある――の試行は多面的であり、広く深く戦略的(映画的)であるのだ。

映画では実験的に設けられた装置のなかでの茶番劇の世界をあえて作り出すかのような展開が、それゆえまったくこの日本の現実とかけ離れているかのような印象を観る者に与えるのだが、そこで繰り展げられる出来事の一つひとつは、実はこの国の現実の昭和史の歴史そのものを反映し、どこまでも私たちの世界の提示となっている。あるいは、このどこにもない小さな島の出来事をなぞって、より真実らしく昭和の日本という島国はあったのではないのか。茶番をより真実らしくなぞる。我が昭和史とは、どこで、誰が責任を負うのかが、まったく不明な無責任の迷路そのものなのだ。だからそこで表象されるイメージはきわめて曖昧であり、どのようにも解釈可能なものとなる。だからこのラビリンス的昭和史のイメージ表象のなかで、観る者は改めて、我が昭和史に向き合わねばならない。喜劇の毒、パラドクスはこの島に集約される。

島を設定することによって川島は、一切の虚飾や幻想性を剥ぎとった日本の純粋培養された映画を作り出し、そこで「日本人」性を象徴する人物像と共に、日本と日本人、特に天皇制に拘束され続け、同時にその天皇制を護持するなかに、自らのアイデンティティを見出す日本人の実に矮小な、それでいて当人たちにとっては――戦争もまた、一種の祝祭空間のなかでの開放的時間として喜々として生きられ、世界から無責任に孤立した孤島日本を自閉的に愉しむ――、当たり前の「生活」をまったく反省的に見つめることなしに愉しむのである。なにしろ、この島ではそれまで想像だにできなかった殿上人と一緒に日本の最下層、あるいは制外の民がくらし始めたのだから――戦時下を生きるとは民衆にとって、始めて天皇という無垢なる存在との共棲の時なのだ。ここでは、孤島の生の肯定しかないのは当然なのだ。もちろん、この日本の陰画である小島では、敗戦と戦後の占領軍による――ここでは、米軍の残した物品や兵器(ピストル)などの米軍の「力」の象徴によっての戦後改革の虚と実――一瞬の改革はなされ、戦後の民主主義的改革が始まろうとするのだが、それも単なるエピソードでしかなくなる。しかもその改革は上からのものにすぎない。皇族たちに武器が移れば――占領軍とその武力は民衆に対し暴動の抑止力としてあり、同時に、「国体」の護持(マッカーサーと天皇の取り引き)のための抑止力である――、一瞬の、見せかけの戦後改革など、どこまでも以前のままに引きもどされる。

そして天皇制の別の顔(文化国家の象徴としての)と共にその改革はなされるのだし、そんな過程のなかでは、皇族のもう一人の弟宮が生き生きと演ずるように、自らが生き延びるためには、天皇制はいくらでも文化国家の顔を演ずるだろうし、民衆もまたそれまでの自らで演じていた軍国主義的姿勢を、自らで自己否定するぐらいの演技はいくらでもするし、できるのだ。その天皇と民衆との相互の演技性――天皇制とは壮大なページェント的祝祭空間の生きた劇場である（戦後行幸こそ、その代表例だ）――のなかで、「沖縄」の切り棄てが強行されるが、そのことに誰も関心を向けず、そのことにてんとして恥じることはない。このことの責任者は自己保身のため、そして大衆は知らない振りをすることによって――映画は森繁の無関心そのままを演ずる演技と共に、実に淡々とこの現実を浮上させる。感動することもなく、動ずることもないこの兄宮のあり様は、底なしに深い天皇制の闇そのものではある。なにしろ天皇制とは「反省」しないことをもって、この「国民」を守り、同時にそのことによって「臣民」の無限の指示を取りつけているのだから。「反省」などしないことの証左は、かの外人記者によって「戦争責任」の問題を問われた時、「文学的なことは解らない」と平然と応えて、世界と「日本人」を沈黙させ、一切の問いの主眼を断ち切るほどに圧倒的な「政治」を超える超政治的演技をまったく平然と行うことのできる存在なのだから。孤島の昭和史は、どんな小さな出来事においても日本の昭和史の紛れもないパロディである。

天皇をどう演ずるのか

さてここで、少し方向を変え、これまで行われてきた「天皇表象」を思い出しつつ、兄宮を演ずる森繁久弥の「天皇」像について見てみよう。森繁の兄宮像、つまり「昭和天皇」をどう見、天皇イメージがどう形象化されたかを見てみよう、ここには天皇制についての問いだけでなく、表象される天皇像のなかにある問われるべき身体性のあり様とそのイメージ——それが私たちを呪縛する——を問う根拠が孕まれていると思うからである。そこには、森繁と川島雄三との優れた昭和天皇造形の現実、他の演劇・映画のその表象を超える、天皇制の内実への深い問いも見えてくるのだ。

そもそもこの作品までも、これ以後も、川島と森繁とがコンビを組むことはきわめてめずらしい(その少数作はいずれも秀逸なものである)。しかし、この作品において川島が、あえて森繁を昭和天皇を想わせる存在として起用したのはなぜか。私たちが一般的に思う森繁のイメージは、一方で「社長」シリーズの好色で有能というより、いい加減で、ただその位置にいることによって社長であるようないかがわしい「社長」イメージと同質のものであり、また一方では、いわゆる大阪もの(織田作之助世界)に表出されるグウタラでダメ亭主(好色でどこまでもヒモ的存在)像であり、そうしたイメージが森繁そのもののイメージをも規定している。

しかし、その森繁はどんな役を演ったとしても、常に××役に変身するのではなく「森繁」の××役を一貫して演じ続ける。つまり、社長もヒモ的亭主も、どこまでも森繁があって、森繁が演じたそれなのである。彼は、どんなとき、どんな状況下においても「森繁」でしかない存在を演ずるのだ。

ここに川島があえて森繁を起用した彼なりの根拠があるのではなのか。川島は彼の「天皇」像を彼なりにイメージするに際して、その森繁の森繁しか演じない、あえて言うなら「変わらない、不変の」その演技性に、紛れもなく「昭和天皇」の演技性と同質のものを視たのではないか。

さらに言うなら、川島はこれまで現われた――映画・演劇において造形された――「天皇像」が必死に追い求めたその「似姿」の表象によってでは、多様で重層的な内実を持つ「天皇」像を表象することはできない、と思ったのではないか。似姿の表象は、そこで観る者の思考を停止させ、完結させ、その内実への批判的思考を終わらせてしまうのではないか。必要なことは、外形が似ていることではなく、その身体性を契機に、共同幻想の内実を問う媒介としての役者という存在性ではないのか。そして、森繁の森繁しか演じない不変の演技こそを、川島は必要としたのではないか。

事実、昭和天皇はどんな状況、どんな現場、どんな局面においても、その表情・音声・態度……をまったく変えることはないし、その内面を一切現わすことなく「不変」の像を演じ続け、あの敗戦時の絶対的危機においても不変を装いつつ、まったく己と周囲の人間に恥じることもなく、それ以上に「国民」などに眼を向けることなく敵将マッカーサーに自己の安全と国体の安寧を願い出て、それを取り付け、そのことに「プライド」などかけることなく平然として「昭和天皇」を演じ続けたのである。森繁の演技の質と天皇の演技の質にはどこか通底するものがあり、川島は森繁がアキヒトと似ているか否かではなく、その両者の内実の具現する同質性によって森繁を起用することにしたのではないか。

「似姿」を表出するためにしか天皇表象を発想しえなかった、この国（海外においても、例えばソクーロフの『太陽』など、そうでしかない）の天皇像の表象に対して、川島はこの現実の天皇の

「不変」像をこそ、不変を演ずる森繁久弥に演じさせたかったのではないか。同時にそのことを最も良く理解したのが森繁であり、だから森繁もあえて天皇の「似姿」を造形するのではなく、むしろ戦前・戦中・戦後のどんな状況においても不変の「森繁」天皇像を演じることで、川島のイメージに応えたのだ。こうして深く歴史を問い直す契機となる「天皇」イメージが生み出されたのだ。

それがどんな局面で、どんな役まわりを演じても「変わらない」ことを演ずることを、自己の役者としての根底においた森繁久弥という役者の一つの頂点こそ、川島雄三の設定したこの『グラマ島の誘惑』ではなかったのではないか――なお、こうした森繁の資質を形成した根拠に、私は「満洲国」時代の彼の経験があったのではないか、と思っているのだが、この件についてはまったく裏付けがないので残念ながら書くことはできない。

このグラマ島という卑猥な響きを持つ小さな島は、日本という「戦争国民国家」であると同時に、その内実が建前とはまったく別に猥褻な関係性を媒介とした、きわめていかがわしい国家の陰画であり、戦前・戦後を一貫して変わることのないグロテスクな男系国家のパロディとして生き続け、戦後においては表面上、軍事国家――強力な軍事力と米国の核の傘の下にありながら――から経済大国(天皇制国家は貿易国家として、ヨシワラスキヤキソース輸出会社を経営する)へと連続的に生き続け、一方、沖縄切り棄て以降の沖縄への蔑視を、無視と奇妙な自己保身のための「思いやり」ポーズとしての視線とを保持しながら、戦後消費社会の起動と共に、戦前的な軍事国家型天皇制の反転としての文化国家を装いつつ、さらに明るい男女共同のニューファミリー的天皇制への転換を図る。この「戦後的」(自らでそう作為しつつ、その現実を演ずる)天皇制像のイメージ表出は、圧倒的な大衆的支持の下にミッチーブームを生み出すだろう。その作為された底抜けの明るさの下に、沖縄の軍事基地化を前提とする、日米軍事同盟体制の強化と日本の軍事化は進行し、沖縄はアメリカの東南アジアに対峙する軍事基地として固定化される。六〇年日米安保軍事同盟の改訂は間近である。しかし、この国の「反安保」の動きのなかに「沖縄」への眼は存在しない。日本の陰画である小さな島から、新しい「戦争国家」へと変貌する日本へと連れもどされたグラマ島の人々は、今度は新生日本の先兵となって、戦後的「日本」国民像を演ずるだろう。結局、一瞬の幻影として、民主国家の幻想は生じたかもしれないが、グラマ島の人々はこの現在を戦前のままに(戦後的衣裳に着換えながら)生き続けている。川島雄三が一九五九年(六〇年安保闘争の前年である)に撮った、この日本のグロテスクな肖像＝映画は、実に的確にこの日本の昭和史をいやという程、批判的に表象するのである。そして、この「昭和史」は、二十一世紀の今日に持続する。

日本の戦前・戦中から戦後の歴史過程をまったく別な視点から再構築してみるために、昭和史を背負う存在性を、島に漂流した各階級の女たち一人一人のキャラクターとして造形化し、実験場として島を作り出すことによって、いわば一種の舞台劇として、島という舞台空間のなかに提出する。この川島作品は、原作としての舞台劇――喜劇作家・飯沢匡の『ヤシと女』――があるのであり、この優れた喜劇作家による原作に、映画は概ね忠実に拠っている。当然のことであるが、演劇という表現形式は、映画のようにワンカットごとに視点を移動することは出来ない。演劇はあくまでも固定的な空間のなかに、総ての異次元と異空間とを繰り込み、その時空のなかにドラマは展開する。それゆえその時空間を成立させ、ドラマを展開するのは〈イメージ＝映像〉によってではなく、〈言葉〉によってであり、言葉でドラマは展開するのだが、川島はそのドラマの時空を――現実らしさをズラすために虚構の背景としての舞台的空間をあえて意図的に使いつつ――一端、小さなピースまで解体する。そして彼の歴史への批評的視点によって再構成し直す。この方法は今日的演劇においてはむしろ意図的に使われているだろうし、アングラ以降の演劇は映画的方法へ向かい、映画らしさを疑う映画以降の映画は、むしろ方法的に舞台的表現にあえて向かっている、と言えないこともないのであるが、川島は飯沢の原作を意図的に換骨奪体して、川島の映画としてまったく別な形に再構成しているのだ。この国でも多くの映画が演劇を原作として作られているが、その多くが成功したことがないのは、実は演劇――言葉で構成される世界――的世界のドラマ性に足をとられ、そこで表出されるストーリー性だけをその演劇の言葉だけを使って時系列的なドラマ世界へと安易に並び変えただけでしかなく、演劇と映画の表現様式の差異に眼を向けることなく、演劇性を一端解体し、別な映画的表現へと変換しようとする方法的意志がなかったからである。演劇と映画のドラマ構造はまったく別な位相にあるドラマ構造を持つものである。演劇空間のなかにドラマのストーリーだけを見、それを映画に密輸入したからといって、映画が豊かになるわけではない。

川島の、眼の前にある現実らしさを疑うという資質は、飯沢の劇作が、それ自体として情況とは孤立してあるのではなく、情況とその情況への批判としてあり、その劇作を原作として使うのであれば、劇作にある諸要素を現実それじたいに照応させ、その解体したピース＝ドラマ素を別な象徴的表現へと変換することを意図することによって行われるのだ。言葉ではなく、別のイメージ。そして川島はこの飯沢のドラマの最も根底的課題が、日本人の精神構造の基底にある「天皇制」――日本人の感性までをも拘束する――の課題であり、そのことへの多面的な批判を、映画的に行うことをテーマとし、それを新しい天皇制の跋扈し始めた戦後の終わりの時代に問い直し始める。ここではまず、天皇制という多面体をどう視るかが問われる。敗戦によって、戦前のそれとはまったく別なものとして新生されたと思われる戦後の「天皇制」が実は、まったく戦前のままに一貫しており、その内実の持つ――本来の位相のままであり続けた旧い日本文化を表象する戦後的現実態――多面性が旧来のまま発揮され、戦後の私たちをいかに拘束しているかを、川島は多面的に問い直す。同時にそのためには、この天皇制そのものを必要とする、そこに生きる道を望むこの国の天皇制国民国家を形成する――天皇制とは国民一人一人の幻想が集約された像＝イメージである――国民の諸相を浮上させ、その一人一人の行動と心性を暴かねばならない。

天皇制という万世一系の幻想の体系は、二人の(兄・弟宮)皇族として具体化される。弟宮はフランキー堺であり、その戦後的体質は兄宮の「武」に対する「文化天皇像」を的確に表出する。この二人の皇族の造形に関しては、もちろん直接的に現下の天皇像そのものをカリカチュアとすることの世論への忖度があることは前提としても、多様な顔を持つ天皇制を、一人の役者によって表象することの困難さ——観る者は、複雑怪奇なキャラクターを同時的に演じられると、大いなる混乱に陥り、映画を追うことが困難となる——を少しでもさけるためでもある。しかし、現実的には、天皇はその多様な天皇制の側面——この映画に特に現出する場合は、「権力の抑圧性」と自由な「民主制の象徴」としての、あるいは武(軍事力)と文化、聖性と俗性……などの相矛盾する幻想態性——を、一人で司っているわけだけれど、そこにいる現実の天皇は、建前上そうした俗界的運動の全てから超脱した、現実的には存在しない超存在性としてあり(昭和天皇の一切の行動と言動を見れば納得するが)、その存在は只の人間ではないのだ。そのことは、もちろん、そうあらしめる、大衆の想像力がそのイメージを作り出すのであって、どこまでも「天皇制」とはこの私たちの社会が生み出すのであり、一人の役者によって多様な顔を持つ天皇像を——その一側面だけを表出することは出来ても——表象することなどできないのだ。だからこそ、この二人の皇族という表象は生み出されねばならなかった。この一言でいえば、天皇制の戦前的位相と戦後的位相を一体のものとして表現する困難さを克服するために、二人の皇族を設定するという——二人は常に天皇制の同時的二面性を表象し続ける——アクロバティックな方法を使いつつ、この二人の周囲に多様な日本的存在性そのものを配置し——その存在が天皇制を支えると共に、一人一人が天皇制そのものの内実である——それらの人々が引き起こす出来事(天皇制の現実的行動性)を表象する。

演劇と映画の差異

さてここで、この映画の源泉たる現実の事件と飯沢匡の劇作と映画についてみてみよう。そもそもこの『グラマ島の誘惑』に関しては、第二次大戦末期の北マリアナ諸島「アナタハン島」で一人の女と三十二名(といわれる)男が、敗戦後も島に放置され、数年の共同生活を送らざるをえなくなり、五一年に全員が救出されるのだが、その間、多数の死者・行方不明者を出した事件がその源泉である。戦中の南洋諸島の開発経営を行っていた国策会社「南洋興発」の駐在員の妻であった——南洋諸島開発の第一線には、当時、多くの沖縄の人々が動員された——女(彼女も沖縄人である)と海軍軍人、現地駐在員、漁業船員などが敗戦とともに島に取り残され、救出までの数年を敗戦という既成の秩序が崩壊した後に、一人の女をめぐっての殺人を含む様々な生の混沌が現出するなかで過ごした、現実の事件に由っているのである。ここには、実は多様な問題が存在し、正面から捉えられねばならないにも関わらず、結局、この国では女をめぐる男たちの性的関係についての扇情的な話題だけが一人歩きし、本来問われるべき問題は放置されたままに、「アナタハン」ブームは去ったのだ。私は、敗戦直後の沖縄・与那国の「女海賊＝ヨーコ」の東アジアをまたにかけた行動と共に(日本の地勢図的関係性を超えた行動と展望、それにジェンダー問題)、今後再検討すべきだと思う。

「アナタハン島」事件に関しては、その中心実物の沖縄女性・比嘉和子自身が本人主演で『アナタハン島の真相はこれだ！』という映画（監督は吉田とし子という女性らしい）を作っているようだが、私はこれを観ていない。そのフィルムそのものもどうなっているのかが判らないのが実情である。その後、あのジョセフ・フォン・スタンバーグが『アナタハン』という題名で日本の有名スタッフを使って、この事件を扱っているが、映画はまったく平板で、ただ事件らしきものを追っただけの、まさにキワモノ映画以外ではなく、ここにあるのは「東洋の黄色人種のグレツな生態」という視点以外のなにものでもないものである。私はキワモノ映画——川島の映画も、商業主義的にはキワモノ作品を狙っているのであり、それが悪い訳ではない——を否定するつもりはない。むしろキワモノ性を最大限発揮する映画は充分に検討に価する映画であると思う。スタンバーグのそれがダメなのは、その「事件」のなかに戦争の——西洋民主主義の内在する諸問題——内実を視るのではなく、奇妙な高見から東洋人の珍妙さをのぞき見しているだけであるからである。せめて、ジェンダー問題などについての問いは内包してほしかったが、それもないままに映画化が行われた結果としてのくだらなさは、いかんともしがたい。ただこの映画を観た飯沢匡が、これはヒドすぎるとして、自分で『ヤシと女』を書こうとしたきっかけとはなったのである。

その飯沢作品は文学座創立二十周年企画の一貫として、五幕の長大な作品となっており、女たちの物語として、そこに皇族などの男三人を加えることで、設定上は現実の男女関係を逆転させ、この国の戦中＝戦後史を天皇制を軸に問い直す喜劇として作り上げたものであり、飯沢の喜劇のなかでも優れたものとなっている。その飯沢の『ヤシと女』とをミッチーブームに沸き、表面的には新しいアメリカ風のニューファミリーの喧伝の下に、敗戦以降の皇室の懺悔ムードの反省的姿勢にたって、皇室が民衆的位置にいるという戦後的あり様から、決定的に反転し、改めて皇室が国民生活を先導するという姿勢、積極的に新しいアメリカ的家族第一主義を旨とする健全皇室への転換時に映画化(原作の翌年の五九年)したのが、この『グラマ島の誘惑』(東京映画製作・東宝配給)である。ドラマ的には、概ね原作に則り、その物語をなぞっていて大きな変動はない。ただ劇作では従軍慰安婦の一人が「朝鮮」半島出身者となっている――アナタハン島事件の中心人物は、沖縄出身の比嘉和子なので、飯沢作品そのものが、改変をしており、それを現実的にもどしたものとも言えるが――のに対し、中心女性を「沖縄」出身者としていることによって、改めて「沖縄と天皇制」の問題が浮上していると言ってよい。たしかにここでは物語上の差異は表面上ない。しかし、川島の仕掛ける天皇制批判、沖縄問題、戦争・戦後批判、ジェンダー問題、戦後史をどう語るかの問題など、実に多様な問題が小さな出来事の断片のなかに検証され、映画の問いは劇作よりもより意識的で、具体化され、意図的に拡大された問題となって登場人物の身体性の細部において明確に抽出され異化される。そしてそこに浮上する問題は、私たちの今日的責任において問い直すことが要求されてある。

おそらく川島雄三の猥雑な語りは、それまでも、そしてその後も日本映画にはなかった「語り」そのものの魅力、いわば「落語」と同様な――川島の多くの作品が、落語から生まれていることは言うまでもない――語りの即興性によって、聞き手との微妙な関係的間合いによって、時々に変化し生成し続けているのであって、言葉の正確な意味での〈大衆性〉を生きているのだ。だからこそ原作を中断してその細部を取り出し、当意即妙に意外性を超えて引き延ばし、変化させ、転回させ、時には事実主義的にはありえない出会いと離反を企てる。そして飛躍。戦後映画において「語り」の魅力を最も具有した映画を作り続けた作家は川島以外にはいない。川島の大衆商業作家としての矜持が、かれの「語り」の基となっていて、その語りこそが川島ならではの秀逸な内実を作っている。そして、この語りの独自のあり方こそ、これまでも、そしてそれ以後もこの国では決して行いえなかった「昭和史」についての独特な語りの――その批判的視点と方法の秀逸さ――を生み出している。

同時に驚くほどに、その語りとは、語りそのものとして自立していて――つまり的確で新鮮な批評の言葉を創り出す――、彼の透徹した時代への眼、そのなかにしか生きられない自己批評性があることを見なければならないだろう。

もともと劇とは言葉＝台詞で状況までをも語らねばならず、常に過激な言葉の氾濫を余儀なくされる。それに対し分解された映画のショットは説明ではなくイメージの抽出によって、状況を語ることができる。さらには舞台は設けられた空間の総てが観客によって共有されているかのように思われがちだが、実は観客はその時々の状況〈台詞〉（舞台上は同一の空間であるにも関わらず）によって――観客は固定された劇空間のなかに、その観る者の意志によって、アップし、ワイドにする視界を選んでいる――〈観たい〉ことを視ているのであって、常に劇空間の全景を観ているわけではない。つまり各人の意志はその意志によって舞台上にアップの、そして時にワイドの効果を選択しているのであり、決して舞台全景を観て演劇を観ているわけではない。それに対し映画は、監督の設定したレンズによって機械的に物語を視、その上に物語を捉えているのであって、舞台とは逆に、常に同一的に開かれた空間から自らの視たいものを視ているわけではない。監督の選んだレンズが映し出した作られた時空を、観る者はそれしかないものとして視るのである。観る者はアップショットはそのショット以外視ることはないのであり、レンズの眼の中には観る者の意志は存在しない。その強制されたショットの連鎖の上に始めて、観る者は視る者のイメージを形成するのであり、そのイメージに向き合うのだ。そしてその運動のなかで、自らもドラマを受容するのだ。

『グラマ島の誘惑』の川島の方法――物語性の解体とショット一つ一つの、その出来事性の検証と再構築――は、そのようにして徹底的にレンズの機械的な眼に曝される。この演劇と映画の決定的な差異、特性を活かし川島は、飯沢の提出した戦後史的課題をグロテスクなまでに拡大し、映画的方法を最大限活用し、まったく独自な昭和史の批判を行うのである。

上からの文化革命――ミッチーブームに典型的に現出したようなソフトイメージ戦略を最大限動員した――に抗して、天皇制の新しい時代(その内実はこの時代も決して変わったわけではなく、ただその戦略スタイルが大きく変わったのだ)にいかに向き合うのか。川島のその問いは、その喜劇という方法と共に今日においてこそ問い直されるべきものではなかろうか。

以下、映画の進行を追いながら川島が問おうとしたことを読みとって行きたい。映画はストーリーではない。生起するイメージなのである。そして、その語りが浮上させる現実態を見たい。なにより、そのイメージをこそ見てみたい。

一九五九年の東京——変形された街

映画は、この映画の製作時、すなわち一九五九年の東京の街頭をまず映し出す。

しかし、その光景は異様に変形され、通常の時間を刻んではいない。レンズの操作によって変形された街であり、コマ落としとして捉えられた時間であり、モノトーンの世界——この川島初のカラー作品は、カラー映画であることを意識しての様々な色彩上の操作が行われている他、意識的にアグファフィルムを使うことによって、コダックの世界が持つスッキリとした明朗な世界に比して、いわばくぐもった鈍重な色彩的特質を強調することで、どこか重い感じを観る者に抱かせる。そのアグファの特色を最大限活かした効果を狙う。おそらくこのフィルム選択もまた(フジカラーの特色を含めて)、映画に向き合う作り手たちの姿勢を表わしている。どこまでもこの五九年の「戦後ではない」社会の表面的な明るさに対し、疑問を持ちとまどう川島の眼が、この冒頭の東京の描写には込められている。あの戦争と、突然に現出した、誰もが平然として受け入れた戦後〈現在〉とはなにか。川島はそのことを徹底的に問う。そしてここで展開されるドラマは、舞台ではなく映画——五九年の現在の——であるのだ。

街頭の描写に続いて、街の店頭で繰り展げられる書籍のキャンペーン――コマーシャリズムの戦後的展開――の異様な展開が活写される。このマスコミの狂騒は戦前の戦争讃歌のコマーシャリズムの再現であり――この映画は、この国の不変のジャーナリズムのあり様とそこに躍るこの国のあり様を批判的に表象するものである――、この茶番こそが、この国の現実であるのだ。

そして、この映画のタイトルと共に、この映画の基底となる物語を予告するように、「本」が大量に平積みされて並んでいる――まさに、この映画は、その著作『グラマ島の誘惑』のメタシネマでもあることが示唆されている。

グラマ島という孤島――数年前の戦争下の

この南海の孤島に偶々、たどりついた日本の皇族二人と侍従武官一人を始めとする十数人の男女のキャラクターと来歴とが判明する。皇族（兄・弟宮の二人）は、紛れもなく天皇その人の多面性をそれぞれの位相で表象する表裏一体の存在である。女たちは六人の従軍慰安婦・二人の報道班員・一人の戦争未亡人（南洋興発社員の妻）の九名と現地住民（？）一人の計十三名とそのキャラクターが明確に表象される。そこに現出する島のあり様は、日本という国家の現実そのものである。

特に皇族二人に関しては、きわめて象徴的なキャラクター設定がなされている。すなわち、兄宮（森繁久弥）のキャラクターは天皇制と大衆との関係性、絶対的上下関係の集約された現実を表象する。喩えば、「タバコ」をめぐる情況は、実にこの兄宮の嗜好こそが、大衆と天皇制の接点であり、映画は一貫してこの兄宮の嗜好をめぐって展開される。兄宮にとっての関心は、戦時下の国家のことや、まして国民のことなどではなく、唯一喰うこと、目合《まぐわ》うこと、そして眠ること、すなわちこの現下の情況が間違いなく持続的に続くことだけなのである。そのことの変わることのない平安な日常を彼は、なんの感動もなく、当然のこととして日々受け入れ演じ続け、島民もまた、そのことこそが自明のことのように、彼の存在の裡に自らの今を確認するのだ。そして弟宮(フランキー堺)にとっての嗜好とは、ハーモニカであり、ゾーリンゲンの剃刀であり、カメラであるだろう。すなわちハイレベル文化への一貫した嗜好は、この皇族たちの西欧的ブランド文化への傾斜を示している。特にカメラに関して、弟宮はこの孤島の記録者として、島民の全ての行動を撮り続ける。こうして島のアーカイヴができる。アーカイヴとは常に権力だけが、その正当性を表象するために行う権力運動である。

さらに島の住民は、日本中から集められた(沖縄を含む)従軍慰安婦と、情況によってどんな役割をも演ずる報道班員と、日本の海洋諸島の侵略活動の先兵である「南洋興発」の社員の未亡人と島の先住民族(?)とである。軍も原住民も現在は存在しておらず、ただ南洋興発の拓いた畑とわずかな家畜だけが残っている。

さて、飯沢匡の原作とシナリオ(映画)との大きな違いは一点、飯沢戯曲では女の一人が「朝鮮」半島出身者となっているが、映画ではこの女は「沖縄」出身者に変更されている。しかし、現実の「アナタハン島」事件では、その中心にいる女は沖縄出身者であり、その変更は事実的にもどしたのだ、と言っても良いとは思うけれど、戦後史のなかでの天皇と沖縄問題の関わりは、より露骨に沖縄への天皇の直接的介在であり、そのことを川島は意識したのではないか――勿論、朝鮮侵略への天皇の介在はきわめて深いものがあることをも川島は充分に知っている。

島にこれらの人々が上陸するとすぐに、外界との唯一の連絡方法と思われていた彼らを乗せてきた船が撃沈され、島は絶対的な孤島となる。この間、映画はきわめてコメディタッチの進行――状況の変化に対してはモノトーン画面を使うことも――と共に、チープなセットや戦闘シーンをあえて使うことによって、この映画があくまでも作為された喜劇であり、リアルな、と思われる世界のパロディであること、つまり喜劇的視点によって虚構された世界であることを浮上させる。このことはよりリアルな(と思わせる)戦争映画への批判的視点、つまり映画的なものの批判をもこの映画は旨としていることを自ずと表象する。そのことの表出には実在感に乏しい奇妙な悲壮感をかきたてるナレーション(報道班員の報道をなぞるような)が意図的に流れ、戦争に関する言説が批評的に何度もくり返されることでも明らかである。しかし、この孤島においては、くらしのレベルでは、天皇制下の日本の日常生活そのものがくり返される。

この日本の絶対的階級社会の現実の正確な反映として、特に慰安婦たちにだけは、強度の労働(各種の食料調達と皇族の嗜好品獲得のための)が課せられ――彼女たちはそのことに異を唱えることはない――、性的サービスが要求される。この時、報道班員だけは別の扱いをされる。一方、喰うこと(トンカツへの執着)、目合うこと、にしか関心のない男たちはただ食料が問題なく提供され、特に性的欲求が満たされればそれでよく、この日常が女たちによって担われていることになど一顧だにしない。男たちにとっては、戦争情況もまた永遠に変わらぬ日常そのものなのだ。

沖縄問題の浮上

そんななか、沖縄出身の女が身ごもったことが判明、その父親さがしが行われる。やがて父親は兄宮であることが判明する――こうして天皇と天皇制と沖縄との抜き差しならない関係が象徴的に浮かび上がる。まずこの沖縄女の妊娠――兄宮に最も尽していた――は、日本の一方的侵略と琉球処分以降の一方的収奪侵略関係を暗示しているだろうし、やがて女児が生まれるが、その子は栄養失調ですぐに死ぬことになる――沖縄における沖縄戦と地上戦と民衆虐殺の問題が実にアレゴリカルに浮上する。同時に、この間の兄宮の性行動と女児出産と死とは、この島において一切問われることはないし、誰も問題にすることはない。むしろ、女児の死亡以降食料払底の現状に対して、女たちへの労働強化だけが強まり、子を産んだ沖縄女もまた、その現場でさらに過酷な労働を要求される。

米軍の影

労働強化の結果、体力の弱った者にマラリヤが起こる――住民無視、沖縄地上戦と日本本土の焼土線。その時、アメリカの影がはっきりと忍び寄る――マラリヤの特効薬＝キニーネの他、様々な食料品が残存しているらしい。以前アメリカが、この島に日本の駐留部隊がいた頃、攻撃した折の残存物らしい(彼らはそれを分捕品というが)。そしてこの薬品・食料の確保——アメリカの影——によって、これまで当然とされてきた男女の役割分担——上下関係——は壊れ、物品を手にした女たちは、この当然と思われていた作られた関係性を問い始める。

皇族と、その他の人々という当たり前とされてきた身分制度——総ての人々が皇室制度を盛り上げるヒラテルキーは、このなんともあやしい現実への疑いと共に、女たちにそれまであった皇族への畏敬の念を挫き、病気の時も働かされたことなどが思い返され、一方そうした上に悠々として男たちが生きる、これまでの自明の秩序の解体へと向かう。ここには米軍による日本の敗戦とその後の民主改革、主に女性権利の回復とがメタファーされているだろうが、ともあれ米軍の力を借りることで、女たちは新しい秩序＝民主主義風な社会を作り出すことになる。しかし、ここでの主体はまず、変わり身の速い報道班員の主導によっているだろうし、女たちの心性のなかには皇族への変わることのない心情があり続けている。ともあれ、アメリカの「力」を背景に女の革命は成り、女の平和は回復される。忘れられた島の敗戦と民主主義の現実化は、アメリカの影と共に成立する。

女たちの饗宴

女たちは、革命の成立と平和の回復を祝って宴を行う。
日本映画はこれまで多くの「男たち」の宴会を描いてきた。特に戦地への出征に際して、男たちは、女たちの給仕によって男たちだけの宴会を行ってきた。そして、そこに女たちが共席したことはない。この現実こそが、天皇制日本国家の現実である。女たちはただ千人針を指し、宴を準備し、出兵の朝、日の丸を振り続けたにすぎない。このことは紛れもなく、この国の社会、そしてなにより天皇制社会の一つの象徴シーンとしての男の饗宴であり、そのことに対しこの国の多くの映画は当然のように、なんの疑いもなくこの宴を表象し続けてきた。この宴会には女たちはいない。

そしてこの『グラマ島』の女たちの宴会は、この国の戦争と戦後、男社会としての天皇制社会それ自体への反措定、というより日本の宴会に参加することの出来なかった女たちの宴会として、同時にこれまでの、そのことを疑うことのなかった日本映画への痛切なパロディとなっている。しかし、この女の独自な時間も長くは続かない。あるいは、日本における一瞬の解放の幻の時間でしかなかったのかも知れない。

米軍と天皇制の復活

宴会の場＝女の革命によって追放された男たちは雨のなかをさ迷い、その途中で米軍の「B29」（米軍の象徴）の残骸（日本軍掃討の過程で残された）を見つけ、ピストル＝武器・米軍の「軍事力」を発見する。そして男たちは、女の民主主義が米国製（制）の民主主義であって、それは女たちの自立によって生み出されたものではなく、米国制の力を背景とするものであることを覚る。

そして、逆に彼らが得た武器、すなわち米国の軍事力をバックに使って、まず最後の現地人らしき人物を処刑し、そのことを契機に男たちは女たちを再び奴隷としつつ「武器(戦力)さえ持っていれば、叛乱は再び起こることはない」という自信と方向とを確信する。いっ時の女の時間から、再び男の秩序の下の世界に帰った島は、それ以前よりは、表面的には「民主主義」的なものとなったが、女の革命前の時間を再現するような身分制ヒエラルキー社会が回帰する。

ここには、米軍の軍事力によって守られた――そのことを招来したのは、真っ先にマッカーサーに恭順の意を示した天皇自身だ――表面上は新しい様相をまとった天皇制の誕生と、その下でのニュー天皇制(表面上だけの)の復活・延命であり、この天皇の政治工作には、この国の誰しもが気づかなかったのだ。戦前・戦後を一貫して、天皇はウルトラ政治主義者であり政治的行動者であったのだ。

一つの反動――米軍の力

あの原住民は生きていたのだ。そしてその男を殺しに向かった皇族のお付き武官とのピストルの争奪戦のなかで、武官は心臓麻痺で死にピストルは男の手に渡り、それを手にした男は「南洋興発」の未亡人を略奪してどこかに逃亡してしまう。武器の移動は権力の移動となる。武器と共に男は未亡人と共に消える。そして、表面上、武器なき平和主義を旨とする小国が建前上、偶然に生まれる――現実には、米軍がこの国の全てのシステムと方向とを取り仕切る。

あの男は、日本軍の脱走兵であり、彼は「日本」という国家に拘束されることを潔しとしなかったことが後に判明する。

新生国家誕生——新憲法制定

ともあれこの島に新しい秩序が生まれる。民主主義の看板を掲げた「グラマ島自治運営委員会」の下——皇族のもう一つの顔であった民主主義的文人である弟宮を中心に——、新生国家は一日にして生まれる。しかし、その下でも兄宮の不変性は続く。幻想の女の革命と武器の移動と、武器が表面上見えなくなることによって、人々は世界がまったく新しくなったように思い込んで——皇族のもう一方の顔を前面に立てて——この新生民主主義島の誕生を祝い、各人がそれぞれの役割＝参加を誓い担うことになる。

すなわち「新しい秩序がこの島に生まれた。皇族はその権利を主張しないことになり、自由平等の民主制度が行われることになった。食糧の増産も組織的に行われ、やがて、カヌー（この島を脱出するための）も出来上がった」（あの変わらぬナレーション）のだ。ここにはまったくなんの反省も抵抗の意志もなく、そして、なぜ世界が変わったのか、変わったとすればどう変わったのか、さらには、その変わるに際して、人々は何をし、何をしようとしたのか、はたまたいかなる共和国を作るのかの、全員による問いもなしに、偶然のことのように、そしてそのことが自明のことのように、誰もがこの新秩序を受け入れ、その秩序のうちで新生のくらしを始めようとしている。

しかし、何がどう変わったのか。日本の戦争から敗戦、戦後国家がそうであったように、なにも問われぬままに、誰もあの戦争と敗戦との責任をとらぬままに、あったことはさっぱりと水に流され、持続する「新」秩序の裡に人々は安住し始める。

そして、まったく愚にもつかない共同体の民主的運営のなかで、あの「沖縄の女」を引きつれて皇族の「武」の顔を持つ兄宮が、ある策動を行っていることに誰も気づかない。

沖縄切り棄て

それまで一貫して、沖縄の女の無償の愛と奉仕によって食(生)と性をを繋ぎとめてきた兄宮は、民主社会が作り出した全住民のものである——帰還のための——カヌーを、誰の許可もとらず、その女を連れてどこかへと勝手に船出し消えて行く。

つまり、自らの戦争責任をとらないようにするために、一方的にアメリカにすり寄り、沖縄を日本から切り棄て、米軍の東南アジアに向かう軍事基地の島として差し出し、その独断によって沖縄を処断した天皇の行動をなぞるように。こうして沖縄は日本から切り棄てられ、アメリカ支配下の軍事要塞として、アメリカの世界戦略の裡で、東南アジア——特に共産化する中国——への軍事的要石とされる。紛れもなく、この天皇の沖縄切り棄ては、昨日までの敵・アメリカの軍事支配の下への切り棄てであり、それを最大の戦争責任者・天皇が自らの免責のために行うことによって、日本国家に強制され、すなわち天皇国体維持のための地上戦を強いられた沖縄は見棄てられ、忘れられるのだ。

そしてこの孤島も日本という無責任国家の歩みをたどるように新しい局面を迎える。

新憲法公布

兄宮と沖縄女との失踪後一年、弟宮の司会の下に、この島では二人を追悼し、この事件そのものを過去のものとし、忘れようとする。そして「新生国家」誕生＝憲法発布を宣言し、新生国家はこうしたこととは関わっていないことを確認し、戦争はもはや過去のものであることが宣言される。島に新たに出来上がった民主体制(米軍の力によって成立した)では、「武」(兄宮)の天皇制から弟宮(文化の顔)を中心とする体制が出来、新しい「生き方」——すなわち憲法を定め——を全員で確認し、これまでのくらしとはまったく別の、新生「島」の新生活が宣言される。戦後民主主義の世。そして、新憲法が発せられる。この宣言は「朕」が臣民に下したもので——弟宮が宣言する——天皇制は平和主義や人権よりも上位に確認される。こうしてこの新生国家の中心が「象徴」として存在する「朕」であることが強調される。

同時に「武」は否定されることはなく、その後見事に復活し、——兄宮も生きており、やがてその存在性を増すだろう——、強大な軍事国家へと向かうことだろう。

原爆雲

第二次大戦を決定的に終わらせることになった——ここにも決定的に国体護持に固執する天皇の

姿勢が与っている——ヒロシマ・ナガサキへの原爆の威力を、その後さらに強化した水爆実験が南太平洋の島で行われた。巨大なキノコ雲。この実験は現地住民に甚大な被害をもたらし、日本にも新たな被害を与えることになる。と、同時に米軍による孤島に残存した「日本人」の発見と救出が行われる。その過程のなかで、責任もとらず失踪したと思われていた兄宮はまた、日本で完全に元の位置にもどっていることも判る。

もはや「戦後」も終わったのだ。

そして五年後、『グラマ島』ブーム

今や、武の側面を司る兄宮に変わって文化（ソフト）の側面を司る弟宮の時代なのだ。「象徴」となった天皇の系統者・新時代の象徴はその新時代性を演出するために民間人と婚約する——ミッチーブーム。そのブームのなか、人々のなかにある戦争責任への批判は封じ込められ、逆に奇妙な閉鎖連帯志向となって人々はこのブームに便乗することとなる。当然のことながら軍事報道班員の責任問題など問われることもなく、逆にこのブームに乗って報道班員が書いた「グラマ島の回顧録」が、戦時を懐かしむ風潮のなか、世間を沸かせ、消費ジャーナリズムのなかでブームとなる。ブームは兄宮・弟宮たち皇族たちの戦後的復活をも促し、再び皇族第一主義の社会が回復する。「戦後が終わった」ということは、実は戦前社会の復活なのだ。

赤線廃止

建前上、日本が――少なくとも経済社会において――戦前の社会制度を更新して生まれ変わったように見えるのは赤線廃止にともなう社会諸関係の表面上の変化のみである。朝鮮戦争特需を契機に産業は息を吹き返し、その復興した社会(天皇制)――天皇の戦災復興巡幸――の先頭に立つのは、我が弟宮であり、「平和産業」である食品工業の第一線で――ヨシワラスキヤキソースの――、アメリカ輸出を目論んでいる。

天皇制が切り棄てた沖縄

あの敗戦過程――国体遵守のためだけのために行われた全住民を巻き込み、その住民の四分の一を死傷させた沖縄地上戦の最大の責任者が君臨し続ける――とその後の沖縄切り棄てに関して、一切の責任をとることなく延命した天皇は、その時々に沖縄への温情の眼を向け続けているかのポーズをとる。あの沖縄の女を自分の生のために平然と死なせた後の戦後も、「武」の兄宮はこの東京でその女の妹を見つけ――沖縄へのポーズ――、その妹のいる沖縄料理屋に通い続け、その妹に温情を向けていた。

一方、赤線廃止によって仕事にあぶれた従軍慰安婦の一部は、沖縄の米軍基地でのドルを目当てに――日本でもドルは求められている――沖縄へ売春出稼ぎに行こうとしている。この末端の性産業界では、かつて沖縄は労働力の有力な送り出し地であり、そして今、大和人の出稼ぎ(米軍)先となろうとしている。もちろん、このもくろみは諸般の事情で頓挫するのだが、少なくともここには、左翼を始めとして多くの大和人が沖縄をまったく見なかった時代に、「性の売買問題」というデリケートな問題を正面から問うていないとはいえ、沖縄への眼があることは言っておかねばならない。と、同時に、この「性」関係の問題性も、沖縄問題を問うなかには必要であり、そしてまた、あの兄宮の性癖である「性」への異様な関心が、今日まで変わっていない（このことは、彼だけの問題ではない）ことも指摘しておくべきだろう。

もう一度、兄宮の通う「沖縄料理屋」とあの女の妹――この妹もまた、姉と変わることなく兄宮に好意を抱いている――の問題を見てみたい。かつて沖縄の女が一貫して兄宮に忠実で、奉仕し続け、その切り棄ての過程においても兄宮に食料をもたらすために――国体護持――、カヌーから海に潜り、そのままもどってこなかったことを兄宮は弟宮に淡々と話す――しごく当然のことのように（森繁天皇の演技力。このなんの反省もない平然とした姿勢をなんと形容したらよいのか）。

この天皇を中心とする、日本＝沖縄＝アメリカ関係の中心点に天皇というモンスターが蠢いている。この沖縄の女をめぐる寓話は、実に明確であり、深く重いものとしてあり、それでいて実に淡々として語られるその平常性において、まさに、戦後の沖縄をめぐる国家関係史の寓話として、日本映画史上でも一つの突出した表象である。

これまで多くの川島についての評論は、『幕末太陽伝』に偏っていて、実は川島がいかに日本・沖縄・天皇制の問題に冷静な――喜劇における腹話術的方法を活かして――眼を向けてきたのか、について考えてもこなかったのだ。おそらく天皇を基点として、日本・沖縄問題を六〇年以前の時点で、これほど先鋭に視つめていた映画はないのであり、川島雄三とその映画に改めて注目したいと思う。

二重橋の上に噴き上がる原爆雲

映画の最後は、再び復活した兄宮が——家族関係のゴタゴタを無視して——、この戦後という現在のなかでまったく平然として、自らの生きた軌跡を反省することなく、皇族であり続けることを演じ続け、彼の戦後の拠点であった民衆慰撫の現われたる性現場に掲示されたミッチーブームのあのテニス場のイラストを越えて、正装に威儀を正し皇居へと参内しようとする。一貫して変わることなく(表面的な位相はともあれ)この国に君臨し続ける「天皇」の住む皇居に向かって兄宮は再出発する。

その時、冒頭のシーンで出現した「タバコ」が話題となる。兄宮は侍従運転手(今度はお付き武官ではない)に言う「お前たばこ持っていない?」と。運転手は応える「はい、新生でございますけど」。幾多の地獄めぐりを経て、天皇制はついに「新生」にたどりついた。万世一系の系譜は、新生天皇制の装いをとって持続する。万事こともなし。兄宮は言う「結構」。そしてタバコを深々とのもうとする——態度も所作もなにも変わることはない。タバコで始まったコメディは様々な地獄めぐりの先で「新生で終わる」……。なにも変わらず、誰も責任をとらず、昭和は持続し万世一系のこの神国は生き続ける……、と。

ラスト。画面は一瞬にして、皇居（二重橋）の先から、あるいは孤島・グラマ島の方向からか、突然に巨大なキノコ雲が吹き上がる。日本全体、そして変わらない戦後体制を爆破するかのように——ここには当然のことに天皇によるヒロシマ・ナガサキへの招爆責任への問いも含意されていよう——巨大なキノコ雲。

そして映画は終わる。ここには様々な寓意を読みとることができる。しかし、確かに映画は皇居へと向かった兄宮の先に巨大なキノコ雲が吹き上がったところで終わるのだが——日本消滅。この終末の衝撃的な光景こそ、一貫して日本の戦後に批判的な眼を向け続けてきた、万世一系の血の系統が君臨する国への川島雄三の否定の表象ではないのか。

ともあれ、一切の〈擬制の終焉の涯の終末の幻像〉のなかで映画は終わるのだ。

この小論の最後に次のことを確認しておこう。それは私が、戦後映画のなかでも最も刺激的で、多くの今日的課題を内包した問題作だと思うこの映画（名作かどうかは別のことだ）が、六〇年代を通してほとんど問題にされることはなかった、ということである。同時代の川島雄三の作品のなかでも『幕末太陽伝』は、名作として今日も時折上映されているのに比しても、なぜかこの映画は人々の話題になることが少ない（最近になって、ところどころで話題となってはいるが）のは、なぜか。

思うに、この映画に、ついては当時の名作を中心とする教養的な作品にのみ目が向き、当時の批評レベルでは、このきわめて前衛的な方法と圧倒的な作品内実(そのハチャメチャさ)の持つ先進性において、まったく正面から捉えることができなかったことによっているからだ、と思われる。

さらに言うなら「大衆映画」それも「爆笑喜劇」などは、六〇年安保時には(そして六〇年代を通しての政治主義的闘争のなかでは)、多くの者はこうした下位文化(大衆映画)には関心を向けず、表面的な真面目さのみに——そして芸術的内容に——関心が向いていたからではないか。六〇年代には、大衆的爆笑喜劇など、目を向けるに価いしない世界と思われていたのだから。

この時代にはまだ、政治と文化とはまったく分離されてあり、大衆文化的世界など、政治世界の下位におかれるものであった。まして、大衆映画など。そしてこの問題作は忘れられ、放置されたのだ。

そうした時代——今もその地平の上にある——に、大衆文化のなかにこそ、時代の課題が潜在しており、その問題系を探り出すことなど誰も考えもしなかった。しかし、今、私たちは、この閉鎖された出口のない状況のなかで、かつて生き生きと生成していた大衆文化・映画のなかに、今を問うコンセプトが隠されていることに、およそ五十年の時間を経て気づき始めている。

六〇年代の大衆映画のなかに潜在していた誰も気づくことのなかった様々な問題系を今日の視点で探り出し、批評的に見直してみることは、きわめて重要なことであり、先鋭な試行なのではないか。まして「喜劇」という方法を使っての映画表象には、改めて目を向ける必要があると同時に、文化と政治とを分離し、さらには高尚な文化と低位の文化とに二分法し、教養主義的にジャッジする、そうした私たちの保守的で固定的姿勢を、どう乗り越えるか。そして〈大衆文化〉のなかに、現在の状況を突破する方法があることを発見することが喫緊に求められていることを強調しておきたい。

そうした意味で『グラマ島の誘惑』は、まず注目すべき映画なのではないか。

映画『グラマ島の誘惑』（一九五九年、東京映画製作、東宝配給）
製作・滝村和應、佐藤一郎
監督／脚本・川島雄三
原作・飯沢匡『ヤシと女』より
撮影・岡崎宏三
美術・小島基司
音楽・黛敏郎
出演・森繁久弥、フランキー堺、宮城まり子、桂小金治、浪速千栄子、淡路恵子、岸田今日子、八千草薫、三橋達也

第四章

「知」の権力性を暴く

自明とされる世界を疑う――『偽大学生』（監督・増村保造）

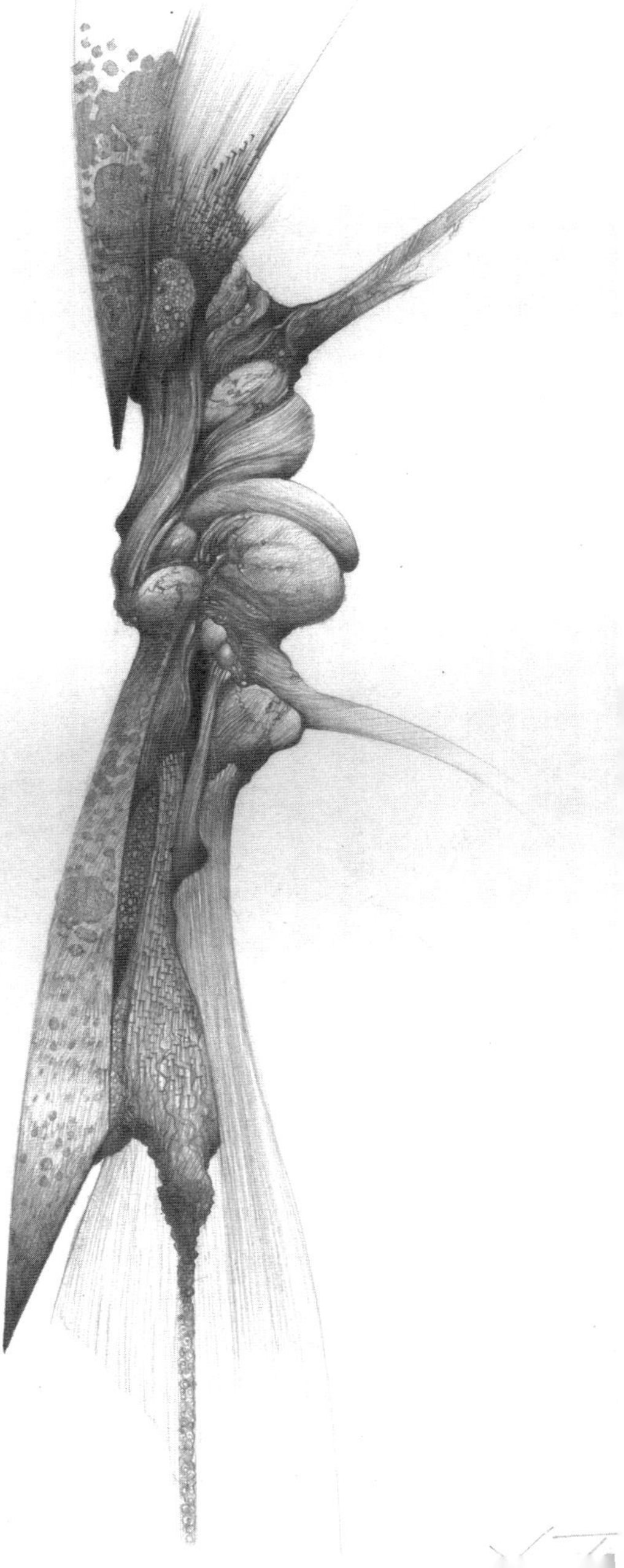

こうした知は、それ自体が（少なくともある意味で）自律的な歴史をもつ大きな認識の枠組のなかで、複雑な方法によって生み出される。その用法や意味するところは政治的抗争の対象となり、権力関係――支配と従属――を構築するための手段となる。知はたんに観念ばかりではなく制度や構造とも関わっており、特殊化された儀礼であると同時に日常の慣習でもあり、それらすべてが社会的関係を作り上げている。知とは世界を秩序立てる方法であり、それゆえ知は社会の組織化に先行するのではなく、社会の組織化と不可分なものである。

（『ジェンダーと歴史学』ジェーン・W・スコット、荻野美穂訳）

「エリート」とは何か――歴史的・社会的に形成された

「私の指で縛りつけた縄の結目を私の指で解きほどくことが絶望的に難しいのだ。硬い結目は張りつめて冷たく、それに食いこませた指先を痺れさせ、爪は激しく痛んで充血してしまう。そして縄に縛られた贋学生は躰を小きざみに震わせながら低く短い悲鳴をたて続け、私の苛立ちをますますふくれあがらせるのだ。」（傍点引用者）「私は再び荒あらしい動作で躰を屈め、木椅子と贋学生の腕を固く縛りつけている縄の結目に爪を押しこもうと努めた。」（傍点同）――映画の原作となった大江健三郎の小説『偽証の時』の冒頭の一節である。

ここにはこの小説の中心人物である「私」という女子大学生（小説は一貫して「私」が見た世界と「私」との関係性で組み立てられている）のある時点での生活経験、すなわち「贋学生」――この贋学生という彼女に視られ続ける対象たる存在も一貫している――という存在の浮上の中で生ずる「スパイ」事件という「政治」闘争の渦中で、現在拘束中の「贋学生」（ことわっておくが、彼女にとってはあくまでも大学生ではなく、贋学生なのである）と規定された存在――彼女と彼女たちにとって、その存在性は決定的に〈異物〉としてあり、あり続ける――との、一方的な関係性（贋学生は視られる存在でしかない）のある断面が見事に描き出されている。そしてここで描かれた関係性は小説の全課程を通じて一貫している。すなわち、この彼女たちにとっての異物は、一貫して〈贋学生〉であり、主体である私たち「学生」（という制度的存在）にとっての〈他者〉であり、この異物は、私にとっての正常な感覚を刺激し続けるモノとしてあり続ける。

この優れた小説は一貫して「贋学生」という表記を行っており、ここにはこの時代の作者の「大学生」という存在性に対して持つ、特権的な認識が自ずと表象されてはいないか。戦前の教育体系である、旧制中学校・旧制高校・旧制大学というこの国家の知的支柱を養成する――天皇制軍国主義体制のための——教育体系は、敗戦後米軍によって解体され、戦後日本の新しい教育システムは生まれるのだが、特に大学という制度については、多少その特殊なエリート性は削減されたとはいえ、戦後も一貫して持続されており、特に旧帝国大学系の権威は、戦前と変わることなく継続し、この国の支配的階級の輩出校となって隠然たる勢力を誇っていたのである。そのことは今日まったく変わることはない。そしてこのエリート大学生は自然に、自らのエリート性を体質化し、自己を特別な存在と自認する。だから一方、このエリート大学を目指しての知的ヒエラルキー上昇レースは（社会の全ゆる機構・制度を巻き込んで）激化する。偽大学生が生まれざるをえない社会的背景である。

　そしてこの小説の一貫する表記である「偽学生」——「偽大学生」ではない——はまた、作者の無自覚のある認識を表象し、この作者の意識は作品の人物像を規定する。

　一方、その異物の存在性は、まさに不可解なその異物性によって、〈私〉と私たちのあり様を、その正体不明の存在性によって揺さぶり、不安に陥れてもいる。しかしこの小説ではこの異物たる「偽学生」は何者であり、なぜ〈スパイ〉になったのかは問われることはない。彼女たちにとって、「学生」の中に現われた不可解な存在は端から スパイでしかないのだ。学生たちは、この異物を捕捉した時から、彼らを呪縛している政治主義的、教条主義的視点によって、その異物の存在をスパイとして断定し、そう扱う。ここではスパイとは何か、そしてこの贋学生とは何者なのか、は問われることはなく、自らのアイデンティティたる確固たる「学生」という正当な存在性と、スパイとの対決が自明のこととして開始されるのだ。しかし〈私〉のみは、その学生たる制度的存在の自明性(彼女は、その如何わしさを身体的に感じ続ける)の中で、その疑われることのない正しい当然の行為にどこか違和感を感じつつも、左翼学生の「スパイ監禁・査問行動」に、同調し共働(私は、その第一線で、そのモノに対して縄を縛る)を行い続ける。しかしどこかその「政治行動」に疑問を持ち続け、許容出来ぬものを感じ続けている。以下、小説の梗概を簡単に記しておこう。

現実の事件をどう問うのか

スパイとして捕捉し、監禁・査問の過程で、ほとんど偶然から、そのスパイは逃亡し、警察に捕縛される。その結果、スパイ事件の学生首謀者二人が逮捕される。その間、彼女を含む関係学生たちは同様の逮捕から逃れるために、実に稚拙で姑息なアリバイ証明を行い、「私」はいよいよ私と学生たちに許容できぬものを感じることになる。そうした中でそれらの政治行動を含め、学生の逮捕そのものが「学生自治」という特権的時空(アプリオリにこの時代の学生たちにとって学生自治はある)を犯すのであり、それを守るために、左翼学生だけでなく全学を上げてのキャンペーンが始まり、「事件」の隠蔽工作が始まる。それまでの一部の「左翼」学生の警察への抗議を超えた「大学」という特権的聖域を防衛する全学的工作と、茶番裁判を経て、やがて二人の逮捕学生の釈放は勝ちとられる。そしてその二人の歓迎集会が行われるが、その席上に典型的に現出する政治主義と無責任体質、更に大学という制度の裡に自らのアイデンティティを求める学生存在のあり様とに、私はいたたまれなくなる。そこに左翼学生の工作によって、それまで精神病院に幽閉されていたあの贋学生とその母親とが現れ、母親が息子の行為を懺悔するに及んで、ついに私はその共同行動者であったのだと自らで告白するのである。しかし、ある熱狂の中にある全学生は、そうした彼女の一人よがりの行為を口汚く罵倒しつくす。そして私は、その狂乱の雰囲気の中に孤立し、虚しく立ちつくす。これが『偽証の時』の梗概である。

さてこの小説にはそのモデルとなった「スパイ事件」があったのであり、その事件においては確かに贋大学生――彼は「東京外語大生」を名乗っていた――がいたのであり、その贋大学生は東大の全学連事務局に出入りしており、その過程で贋大学生ということが判明した結果、その贋学生を日共の影響下にあった学生たちは東大駒場寮に監禁し、全学連の運動と日共の指令などをスパイする者として、査問したのである。そしてこの事件に加わった東京女子大生――後に自死したと言われる――が、この小説の「私」であるとされる。本小論では、この現実にあった事件や、事件と小説・映画との関連について詳しく触れる余裕はないが、当時、この事件は多くの者に深刻な衝撃を与えたのであった。そしてこの事件は一九六〇年十月(『偽大学生』とまったく同時期)に公開された大島渚監督作品の『日本の夜と霧』の中でも中心的テーマとなったスパイ事件のモデルでもあると言われ、そうしたことからもこの「スパイ事件」が戦後左翼運動の中で大きな問題性を孕む事件であったことは確かなのだ。その上で、私は、事件の白黒を明確にするという以上に、この事件に向き合うことを契機に、どう問題の内実を問うのかについての二つの映画、すなわちこの『偽大学生』と『日本の夜と霧』とが一対のものとして観られる必要があり、そのことによって、この二つの映画は戦後史を問う決定的視点を補い合って提出していることを言っておきたいと思う。

大島渚の撮った『日本の夜と霧』と増村保造の撮った『偽大学生』との決定的差異は、知の権力性についての問いがあるか、ないか、そのことは学生という存在性の根拠とは何か、という問いへの力点の置きかたの違いとなって表象している。そしてこのことに関しては、決定的に後者がこの問題への意識を持っているのだ。なお、大島の『日本の夜と霧』に関しては、私の『大島渚の時代』(毎日新聞社刊)を参照してほしい。

小説と映画の差異――シナリオとは何か

原作と映画について少し見てみたい。本来、原作ものとされる映画ジャンルにおいては、それを映画化――映画制作の根底をなす脚本が、映画にとっていかに重要となるかは、この『偽大学生』によって改めて確認できる――するに当たって、当然のことながら、その原作(この場合は大江健三郎の小説『偽証の時』)を徹底的に批判的に読み込み、分析批評し、様々な問題点を見つめ直し解体作業を行い、その上で改めて〈映画〉へと再構成し直さねばならない。いわば原作ものの映画化は、その素材である原作そのものに寄り掛かるのではなく、それの批判的解体を行った上で、映画的世界というまったく別な世界を構築することなのであり、その際、最も重要な作業が脚本化である。なぜ、こんな当然のことを書かざるをえないかは、昨今の原作ものの映画――もっとも、本来この現在という時代にあって、採り上げられるべき原作ものは見向きもされず、採り上げられることもないのだが(企画者などこの時代には不要だ)――が、単なる原作のダイジェストでしかなく、それが脚本と思われている時代だからこそである。

けれど、一九六〇年に作られた大江健三郎の原作に始まる映画『偽大学生』は、その原作を徹底的に批判的に読み込んだ上で、原作の持つ良さを活かした上で、原作が見もしなかった問題点を発見し、それを超えた優れた映画(この点に関し脚本家・白坂依志夫の力は何度強調しておいても良い)となったのである。そこで白坂が行ったことは、現在もまったく解決されることなく連続している戦後史的課題に明確に向き合ったことである。それも圧倒的に躍動するトリックスターを創り上げることで。そして、白坂に創造されたトリックスターは、自明のあらゆる関係性をズラし、あらゆる運動性に裂け目を作り出し、この時代の制度的機構の全てを揺り動かす。

こうして原作を超えるこの映画は、私たちが今日問うべき問題点を鮮やかに照らし出し、安保の年六〇年という時代的枠組を超えた特筆すべき映画となったのだ。その結果、六〇年という政治の季節の政治教条的視点しか持たぬ人々の間では、この映画は顧みられることもなかった(そして当時も、現在も残念ながら軽視されている)。

ここでは、まず、小説と映画が如何に違い、如何なる視点の差異があるかを映画冒頭の数シーンで見ておこう。原作においては「贋学生」は贋学生でしかなく、その存在性は端からスパイと左翼学生から規定され——当時の政治状況は、そう思考することが当然という、ある思考の呪縛の裡にあった——、制度内的学生にとっては、異物は絶対的に異物であったのに対し、映画はまずこの異物が、なぜ、どうして「偽大学生」として自らを演じる者、あるいはそれに成りすますことを行うようになったかを問う。そしてその決意を行ってしまえば、学生街のどこにでもある衣料品店で学生服に記章を手に入れることで、誰しもが「東大生」となれることを長い間浪人生活を送ってきた偽大学生は知っており、そのことを十分に活用することとなる。ユニフォーム——軍服から就活スーツまで——こそは、彼と世間を規定する幻想用小道具である。こうして原作題名が醸す『偽証の時』という観念的で知的なタイトルに対し、脚本家・白坂は『偽大学生』という、ある面即物的で、実に世俗的なタイトルに題名の変換を行うことで、映画は小説に対し批判的に向き合うことになる。そして、偽大学生とは何者であるかを問うことを通して映画を再構築する(以後、枚数の関係上、原作と脚本との差異をいちいち書くことはしない)。

その方法とは、このことは決定的に重要なことであるが、脚本家・白坂はこの異物、原作では一貫して贋学生でしかなく、ただそれだけの存在でしかなかったゆえに、学生たちに一方的にスパイとして見られていた客体である存在に対し、じつに「大津彦一」(このちょっと変わった名前にどんな意味があるのか)という命名を行うことによって確固とした人格を持った、一人の存在として立ち上げ、そのことで見られる・贋学生は、〈視る者〉として映画の全景を活性化する圧倒的な中心人物＝狂言回しとなるのである。この人物の創造において若尾文子演ずる〈私〉ことヒロイン高木睦子は相対化され、逆に視られる者となる。〈私〉が持ち続ける異物に対する嫌悪感、身体感覚は、確固とした明確な存在となった彦一の登場によって対象化される。すなわち制度の裡で常に無意識に異物を排除し、自己防衛してきた私の存在理由は、モンスター＝彦一の存在によって逆に照射されることになる。名前を持つことで、〈私〉の属した社会内の人間ではなかった外部の者は、明確な存在理由を持った者となり、制度の裡にある〈知〉の権力性のあらゆる構造を揺るがすのである。大津彦一というモンスターの誕生。

一方的な眼差しの下にあった贋学生は自らで「偽大学生」を演ずる大津彦一に成ることで大学生を始めとする知の共同体＝知の疎外体に批判的な問を発しつつ、真っ向からこのことに向き合う存在となる。つまり大津彦一が〈知〉の制度性の対極にあることによって、戦後世界を象徴していた権力構造の内実は異化され、そこにズレが生じる。そしてここに見事なグロテスクブラックコメディ世界が立ち上がる。

大津彦一の誕生——そのことによって『偽証の時』という、疑われることのない〈私〉の存在の物語は異化され、解体され、まったく別の〈物語〉へと組み換えられ、作り直される。「偽大学生」が演じる『偽大学生』という映画は、この時代に規定されていた先進的な前衛部分（主観的に当事者はそう確信していた）が、その政治戦略によって自明のごとく行った「スパイ」事件という茶番の政治運動を異化する。そのことは、学生層を中心とする前衛部分ことが先進性を担うのだと信じていた左翼運動の戦後史の全面的批判となったのである。

演じられる偽大学生

ところで大津彦一はなぜ、「偽大学生」を演じようとしたのか。映画の冒頭部分で、何度目かの東都大学(明らかに「東京大学」のことであり、また映画上の「東都大学」も略記すれば「東大」なので、以下「東大」と略記)受験に失敗した彦一は、一度は電信紙に「マタ　オチタ」と記しながら、気持の整理のつかぬままに、紙を破り下宿に帰るのだ。すると彼の下宿先(町の小さな靴屋)の人の良さ気な主人は、彦一の曖昧な表情の中に勝手に彼が合格したことを読みとり――帝大に受かることは関係者全ての願望だし、誉れなのだ――、「浪人した甲斐がありましたね、四年間。……帝国大学生を下宿においてるなンて鼻が高いよ。……」(シナリオ)と彦一の心中を忖度することなく一人悦に入る。そして彦一は二階の自室で母からの手紙を読むことになる。母の手紙に込められた、故郷の小都市にもスーパーマーケットが進出し(六〇年代は、明らかにこの国の消費経済体系が巨大資本によって組み換えられる時代だ)、小売商を営む彼の生家もまた、先行きの見えない状況にあり、彼の「東大」入学こそがこの危機を突破する契機となるという、母の願望のまじった、心の底からやさしさの込もった文面は、しかし、そのやさしさの故に、同時に彼を呪縛することとなる。そして彼は決意する――「ゴ　ウカクシタ　ヨロコンデ　クダ　サイ」と書き込む。この電報は「偽大学生」に成りすます決意の表現となるのだ。それにしても、今日ではその存在さえ知る者のいない「電報」とその文面とは、ある極限状況においてなんとそれを書く人間の内面と状況とを赤裸々に、ストレートに映し出すのか。今日のスマホ画面がなんの感慨も呼ばないのに比べ、その数少ないカタカナに込められた人の生の重さは、なんと感動的なのだろうか。

行き違い、思い違い――喜劇の始まり

さて、この下宿の主人との行き違い、偶然の勝手な勘違いに始まる、日常に常に起こる日常的事象は、以後この映画を進行させる運動となる。この勘違い、行き違い、あるいは自己が呪縛されてある観念によって産まれる錯覚、この自ら疑うことのない自明性による自己呪縛の結果たる行き違いこそが映画の人物たちを規定して行く。そしてこの人々を取り込む自明性の呪縛こそが、このブラックユーモア喜劇を作り出す方法となる――行き違い、スレ違い、錯覚こそ喜劇映画を成立させる要件である。この自明性による自己呪縛はやがて「左翼」学生が学内という空間(それは彼らにとって疑われることのない聖域である)に入ってきた「異物」――特権化された学生という存在以外の者――に対しては即、警察のスパイであるとする思考様式の呪縛の裡にあり――、彦一はただ学生になりすましてみたかっただけの人物であるにも関わらず、この両者の行き違いが「事件」を作り出す――、その結果、正当なる学生に「偽大学生」と見られた瞬間、異物は「スパイ」の烙印

を押されることになる。

　偶々、偽大学生を演じていた彦一が、左翼学生によって勝手に左翼にされ、その上さらに左翼学生の勝手な思い込みによって、実に戦う「同志」として成立していくなんともバカバカしい関係性と、空々しい時間の後に急変する「東大生」左翼の身振りの落差。思いこみによって作り上げた同志から、その思いこみそのものを疑うことのないままのスパイという思いこみ。ここには左翼学生のある体質が苦々しく浮上する。スパイと断定された途端、「同志」は階級の「敵」となり、一方的に査問に付され、その査問の間の彦一の左翼の内実を知らぬ彼の正直な応答はまた、ふてぶてしいスパイの証左と一方的に断定されていく。この錯覚、行き違いは下宿のオヤジの偶然の勘違いに始まり、やがて学生運動と大学の閉鎖構造そのものを巻き込んで映画全体を形成する。自明性によって縛られた思考は、左翼運動から、私たちの日常行動まで全ゆる場所で、あらゆる時間で発生する。この自明性を疑うことのない思考様式はまた、六〇年代以前の映画においても——映画だけでなくあらゆる表現活動において——、映画を覆っていて、映画とはこういうものである、という確固とした映画への信仰は疑われることはなかった。しかしこの映画は、こうした様々な勘違いや行き違いを映画的方法として活用することで、出来合いの〈文芸〉映画性を解体し、その文芸性の孕む制度性を問い直す。そして高尚な文学を原作とする文芸・芸術映画はグロテスクなブラックジョーク映画へと変貌する。

　この取り違い、行き違いは、なにも左翼の側だけのあり様だけではない。警察・検察側もまた、大津彦一を時に、国際共産主義運動の工作員と錯覚するかと思えば、一方で彦一という存在の背景が判明すると徹底的に精神障害者として扱い、さらには左翼弾圧の道具として貶めようとする。権力の内包するこの偏狭な錯覚体質と、権力にとって無用な存在たるただの「庶民」に対してはデッチ上げの手段としか見ない構造の中に、権力の孕む暗い権力性の本質もまた見えるのだ。そしてこの錯覚もまた彦一に強大なダメージを与える力となるだろう。

「知の殿堂」は自己防衛する

さて、ある面権力の体質との同質性を帯びる左翼運動が孕むおぞましい資質（＝権力性）が産む行き違い、錯覚が究極的になんともグロテスクで無惨な政治行動を産むことは、ここでも何度も書いているが、やがてこの『偽大学生』においては、左翼学生は自己防衛の正当性のために、何重もの自らのアリバイ工作を行うに至ることとなる。すなわちほとんど偶然から監禁していた大津彦一が逃げてしまったことに始まる無惨な偽装工作は、まず監禁の証拠を消し去ることであり、警察の彦一捕捉の後の首謀者二人の逮捕の後は、更なる逮捕者を出さないためのなんとも矮小で見苦しいアリバイ工作を行うことなのだ。この監禁工作そのものをなかったことにする工作はなんとうそ寒いものであるか。ここには建て前としての対権力の運動とは違って、その白々しい工作行為の裏に表われるあんなくだらぬ、どこの馬の骨とも知れぬ人物の存在故に、有為の我々が逮捕されることに納得できないという自己意識、すなわち紛れもない特権的権力体質が滲んでいる。それが東大生の行う、あったことをなかったことにする政治行動の内実(第二次世界大戦に対する天皇を始めとする無責任体質と同じである)であり、確かにこの空々しい行動を規定し、自らを正当であると自己呪縛する左翼体質、すなわち自らの無謬性を疑うことのない奇妙な資質がここに浮かび上がる――この白々しい雰囲気、それは映画によってしか表象不可能である。それにしても自己の行動そのものに、どこか如何わしいものを感じながらの睦子の行動は痛々しい。睦子の精神は苛まれ続ける。

その後、逮捕された二人の学生が起訴されるに及んで、なんと今度は「学生自治」「大学の自治」をメルクマールとして――二十一世紀の現在においては、そんな幻想さえどこかに消え、警察・軍＝大学共同体があからさまに出現しているが――「大学」の構成員の総てとその機構とを動員して――大学そのものが、そのことを主導して――起訴された学生のアリバイ工作を大々的に行うこととなる。総長から総ての教員たちは、まさに彼らが信じた戦後的価値、「幻想の知の共同体」を守るため、大学での「科学」の全成果を動員しつつ起訴学生のアリバイを科学的にデッチあげる。ここには大学という「知」の中に生きる者の自己保身とそこに同一性を見出し、身を摺り寄せることこそが自らの防衛運動であることの確信の下に成立する知の共同の幻想体が存在する。そしてこのことこそが戦後という平和と民主主義の時代を許容する虚構であり、この『偽大学生』はこの信じられない程にグロテスクに肥大した「大学」というシステムの内実を暴露する。

ここで展開される大学主導のアリバイ工作とは、なんと左翼学生たちによって贋学生が監禁されていた駒場寮の部室そのものの改造を含め、その場所、その時間、一切の証拠物件・事象を大学機関そのものが改竄・隠蔽し、その総てをなかったことにする工作なのである。そしてこの工作は実に粛々と権力的に平然と行われる。

そもそも大学にとって、どこの馬の骨とも知らぬ無用な存在など、彼らの概念には存在しないのであって「社会」に有用な人材――左翼であろうとなかろうと――の供出基地である「東大」の学生たちは絶対に救い出されねばならないのだ(左翼学生は体制の補完勢力である革新政党や労組などの中枢となるのである)。まして、これまで何人も犯すことの出来なかった「知」の絶対的最高峰――それがこの国を成り立たせている――には、どんな権力も手をかけることは出来ない。ここには明らかに「知」は絶対権力であり、「知」は犯すことの出来ない不可侵の神域であるという幻想があるのであって、「東大」人にとって「東大」は絶対に守られねばならない聖域なのだ。そしてなにより映画が暴き出す、この聖域の現実とは、実は左翼でもない「一般の東大生」――東大内に帰属する――たちが、その一人一人の存在理由を知の最高権力に求める同一性によって、知の権力性そのものを守るために、そこに自己のアイデンティティを見い出し、大学の権力性に加わるべく強固な運動を行う現実が浮かび上がるのである。こうして全学一丸となっての「大学の自治」を守れの呼号は生まれ、大学機関の工作は補強される。ここに成立することは、東大という権力の内部に帰属することは、そこに所属する者を偉大な存在とするという虚構の信仰体系なのだ。

ここに現出する現実、この問われることのない不可侵の「知」の権力性を前提とする戦後のポツダム自治会の主導する「平和と民主主義を守れ」という域内民主主義闘争でしかない六〇年安保闘争の現実、それは実に自らを保守する運動としてしか現出しない。だから、反安保闘争の内実は、そうした制度性を守るためでしかなかったのだ。つまり、この点では大学という「知」の権力構造を問うことのない、政治主義闘争が、多数の民主派を自認する学生・教員たちによって戦われていたのだ。

学生であることそのものの根底を問うことのない運動は、やがて六八年に生起する課題、自らの存在そのものを問う運動によって、初めてそのいかがわしさが明らかにされるが――現在も、この問いは課題であり続けている――、日本の左翼運動の根底にある、この存在の自明性に対する信仰は、なんと強固なものなのだろうか。この国を支える「知」のヒエラルキーはまったく自明のままに今日も生き続けている。

しかし、この「知」の権力性を問うことなしに、国家＝権力＝政治＝文化の一切を解体することなどありえない。こうしてはからずも六〇年安保闘争の限界をも、この映画は抉り出す。そのことは実にそれからおよそ十年後、六八年闘争の最もラディカルな課題となって浮上するまで、誰も気づくことはなかったのだ。その意味でも――それだけではないが――この『偽大学生』という映画の先見性は判ろう。しかし、学生という存在そのものの根拠を問い、知の権力性を解体すべき六八年闘争の課題は、その後宙吊りのままに放置され、この二十一世紀の無惨な情況を招来していることを付記しておこう――学生という存在性の根拠を問うこと。そのためにもあらためて『偽大学生』に目を向け直す必要がある！

そしてこの、なんともおぞましい構図を積極的に担うもう一方の力（一般学生とともに）が、知の権力を構成する戦後知識人――そこに戦前から持続する大学のあり様がある――の権力へと擦り寄り、制度の中に寄生しようとする姿勢である。そして、文化消費が明確に始まる六〇年には紛れもなくこのような安手のマスコミ文化人として登場する似非文化人――それを擬態する小知識人も――が出現する。そして、『偽大学生』はそのあさましい姿をも鮮やかに描き出す。この映画の映画的表現の素晴らしさは、こうした様々な個性、学生活動家を始め、あらゆる人間一人一人のキャラクターを光彩あふれる鮮明さで描き分け、きわめて説得的に浮かび上がらせていることだ。この一人一人を描き分ける演出力は並のものではない――そして、そうした人物を圧して大津彦一（その彦一を演ずるジェリー藤尾に関して今回充分に書くことができないのは残念である）の存在の巨大さ、モンスター性はある。こうした大学知識人一人一人のあり様を詳述する余裕は、ここではないが、もう一度だけ確認すべきことは、この疑われることなく連続する「知」の権力性、そこに生ずるズルズルの無責任体質の典型体制を映画は見事に暴き出していることを見ておこう。

かくしてこの虚飾に満ちたアリバイ工作の結果、二人はやがて釈放されることになるのだが、その前に「国家儀式」としてのなんとも不条理な「裁判」が行われる。この儀式の内実もまた、グロテスクであり虚しく作為された茶番劇として行われ、そこでもまた裁判過程そのものを、これまで見せられてきた「知」の抑圧体制が覆いつくし、裁判全体を取り込んで行くことになる。そこでは、戦後的大学知識人が実に喜々として知的ピエロを演ずるだろう。そして、あらかじめ予定されていたように、この監禁事件はなかったことが明らかになる(裁判では、ある面検事側もまた、この茶番裁判の進行に加担する役割を演じる)。

こうした国家体制の総動員を経た後、逮捕学生二人は釈放される。そして総ての学生たちによる栄光の駒場寮での自治会主催の「保釈祝賀会」を行われる。この間、裁判によって精神鑑定の必要性を判定された彦一は強制的に措置入院をさせられており、この祝賀会には小康を得たとされる彦一が——活動家の姑息な工作によって——召し出され、この二人の釈放を言祝がされようとするのである(この徹底した抑圧体質は許し難い)。そこには、彦一の母親も同席させられており、母親はそこで息子の行状について懺悔し、息子を許してくれと謝罪し、ここまで息子を追い込んだ警察が許せない、とまで学生たちにおもねった懺悔を行うのだ。この会場の雰囲気に高揚する一般学生も、彦一と母との参入を認め、その祝賀をより盛大なものとしようとする(ただ一人の睦子を除いて)。

以下、この映画中最も劇的なシーンのシナリオを——そして、短く原作も——多少、長くなるが見ておくことにする。ここには単なる政治批判劇を超えた人間存在そのもののグロテスクさを視つめる、戦後映画の映画的表現の一つの高みがあることを言っておこう。六〇年安保の年に生まれた映画『偽大学生』の孕む内実と映画表現のエッセンスがここに集約されており、五十五年後の現在も私たちを挑発し続けているのだ。では、まずシナリオを。

【シーン77】寮・喫茶部(夜)

天井からさがっている「木田、安西両君の保釈祝賀会」と書かれた大きなビラ。

(中略)

木田「ぼくらは、なんの正当な理由なく告発され、しめ殺されかけました」

……

木田「真実は必ず勝つ!」

……

空谷「きわめて珍しい人物が、われわれに話したいといっている。どうする?」

……

空谷「諸君! 彼と彼のお母さんなのだ。お母さんが。遠い田舎からわざわざこの集まりのために来て下さったのだ!」

……

母「みなさん(と金切声で)、この子をお許し下さい。この子は頭がヘンになって、木田さんたちに監禁されたと嘘を申しました」

安西「(立ち上がって)ぼくたちはこの人を許してあげよう! 本当の加害者、もっと憎むべき敵をみつけ出して、対決しよう!」

……

寮生「諸君！　ぼくたちは、大津君が一日も早く全快するように祈ろう！　大津君が合格できるようにぼくたちはあらゆる協力をしよう！」
拍手
睦子、立ち上がる。我慢できないように叫ぶ。
睦子「やめて！　やめて頂戴！」
つづく拍手。
睦子「こんな芝居はやめて！　やめてよ！」
拍手、まばらになる。
睦子「私たちは、彼を監禁したんだわ！」
……
睦子「（寮生たちを指し）あなたよ！　それにあなたもよ！　みんなが、偽証に参加したんだわ！」
寮生Ａ「いいぞ、検事！」
寮生Ｂ「そこで君たちは不法監禁のかどで次の刑に処せられる。シベリア送り！」
……
睦子「大津さんはっきりいって。監禁されたの、されないの。大津さん」
彦一「（睦子を指さし）この人は嘘を言ってるンだ。僕は監禁された覚えはない！」
……

彦一「そうです。監禁されなかった。何故なら僕はニセ大学生じゃないレッキとした東都(T)大せいだからです」

学生たち、ドッと笑う。

……

彦一「ぼくは、東都大生であることに誇りを持っています。……みんなが真実を愛し、不正に怒り、偽りを憎む、純粋な人たちだからです」

彦一、次第に昂奮してくる。

彦一「ああ、僕は幸福です。歴史と伝統に輝いている東都大。僕のエネルギーを解放し、方向を与えてくれた東都大。……あらゆる敵と断乎として戦い、これを打破しよう。みなさん、東都大の万才を唱えましょう。いいですか、東都大万才！」

学生たち無言。

彦一「どうして万才をしないんです。……」

空谷、狼狽する。

空谷「そ、そんなことはないよ、君、やる。やるよ、さァ、諸君、大津君の万才に合わせよう」

……

彦一「……東都大万才！」

学生たち和して、万才三唱。

原作からの引用(「　」内)を以下、短く(原作には、この「万才」シーンなどはない)。

贋学生の母の懺悔と釈放された学生の「僕等はこの人を許してあげよう」の言葉に学生たちは激しく拍手し、その異様な雰囲気の中で、ヒロインは「『私たちがその贋学生を監禁したのは事実です』と、私はできるだけ冷静に声を抑える努力をしながら叫んだ。『それを忘れてしまうことはできない。そんな卑怯なことはできない』」と叫び、私たち全員に責任があることを告白する。するとそうした「私」の態度を揶揄するかのような声が上がり、「私」は黙らせられ「首筋から入った空気がねとねとしている皮膚にじかにふれて私を悪寒に身震いさせる」のだ。私は、釈放された二人は「幸福そうに笑っていた。私は贋学生さえ、すすり泣きをやめて鳥のような眼を見はっている母親の傍でおどおどした稚い笑いを浮かべているのを見た」のだ。そして「うなだれた私の周りに、黒ぐろとした厚い粘膜が押しつけて来、疲れきった私を吸いこもうとするのだが、それを耐えるためのわずかな努力さえ私にはひどく億劫に感じられる。私の肩には重い掌がじっとおかれたままで、その下の皮膚が新しく汗ばみはじめていた」のである。

原作には、彼女の内面に蠢く自己の存在性への疑いが実に見事な表現——彼女についての精緻で微妙な感覚的身体表現——によって確かに表現されている。しかし、その問いは自己完結していて学生という存在性そのものが産み出したグロテスクな饗宴の根底にある学生という社会的存在に属性としてある制度的存在性そのものへの問いがあるわけではない。このことは、この小説の書かれた時点での作者のある限界性をも表象してはいないだろうか。

日本という悲惨

このシーン77には、この『偽大学生』という映画の内実が集約的に表象されているだろう。ここでは、このシーンによって焙り出された問題性を、これまでの視点とは別の問題点に限りみておこう。

まず、母親の謝罪・懺悔の構図であるけれど、この母の謝罪と懺悔の中にこそ、日本的ファシズムを支える構図が内在することが明らかにされる。しかし、この母子の姿勢は、戦後日本の民主主義的良心映画であれば、母と子を精神病院に送った権力への母子の心からの抵抗とでも称えるところだろうが、『偽大学生』が表象することは、懺悔という日本的情緒行動——勿論、この行動を工作した左翼の、自分たちのみを是とする政治技術主義の暴露であることも確かだが——そのものが問題であり、そこにこそわが子を呪縛している現実があるのであって、「家族」という桎梏そのものであることが浮上する。きわめて日本的な「庶民」のこの行動——それは、この体制を補完する——こそが、彦一を最終的に精神病院に追いやった軛なのであり、家族という制度の桎梏による過剰な期待——我が子をこの国の制度中枢に押し込めようとする——ことが、問題であり、そのことこそが問われなければならない。しかし、学生たちはそのことを問わないばかりか、その体質を許容し、自らの防衛のために利用しつつ、息子の罪について謝罪する母親を巧妙に権力の犠牲者に仕立て上げ、そのために動員するのである。この、問題の本質を逸らす二重の謝罪構造こそ、この国の抑圧体制の本質であり、左翼をも含めて呪縛し続ける構造である――「八月十五日」二重橋前で正座し、自らの罪を詫び涙を流した行動と直結する。

さて、その母の懺悔行動の渦中に、ついに自らの無責任なあり様に耐えきれなくなった睦子は――しかし紛れもなく彼女自身は手を汚したのだ――、自らの実存を賭けて自らの罪を自己告発する。しかし本来なら、感動的な人間行動としてあるはずであった行状は、学生大衆の揶揄と否定の怒号の中にかき消され、睦子は一人立ちつくすしかない。睦子という戦後派良心的学生は、しかし、一貫して贋学生という存在に違和感を覚えつつも一方的に彼女の固定的なその視線の下に彼を置くばかりで、自らでその自己の姿勢を問い直すことを行わないばかりが、彼女は他者であった彦一という存在についに自らを開いてみることはなかった。ましてや左翼学生の政治主義に加担し、そうした自分自身を許容しぬいていたのである。「私」の内面の主観的な問いなど、現実の政治過程の中ではどんな意味も持つことはない。その内面告白など、かつても今も、この国の知識人がくり返し、自己防衛のために行ったマスターベーション行為でしかないのだ。結局、彼女は何もしなかったし、それ以上に「権力」そのものであり続けたのだ。ここには戦前・戦後を貫くこの国の知識人の現実がくり返されたのだ。

そして、この「知の権力」の禍々しい儀式を圧倒的な狂声で盛り上げたのは、またしても自らを体制の裡に在らしめようとし、そこに自らの同一性を見出し、自己の延命を図ろうとする「一般」大衆の存在であった。ここでくり広げられるグロテスクで無惨な祝祭的興奮こそ、戦前・戦後を一貫する大衆の現実のくり返し以外の何ものでもない。この祝祭の儀式こそ、スケープゴートを奢り、それを媒介に無名の他者・弱者を抹殺する「国家」の始源の姿なのである。

トリックスターがこの国を揺さぶる

そして、この無惨な抑圧体系を全面的に暴露する存在こそ「万才」の提唱者・この映画が生んだ戦後映画最大のトリックスター大津彦一＝ジェリー藤尾なのである。彦一の全存在を賭けたこの挑発こそ、映画内の人間だけでなく、この映画を観る者をも撃つだろう。大津彦一こそは、「学生」と「左翼」と「知識人」と、彼をその子供の頃から呪縛した「家族」と、さらには彼が「偽大学生」として自己を投企する契機となった、あの下宿のオヤジに象徴される汚れなき大衆の形成する「世間」のすべての自明性の現実を暴露する巨大な挑発者でなくてなんだろう。そして、このトリックスターはジェリー藤尾という特異な役者なくして生成されることはない。彼こそ「俳優としてはズブの素人で……この配役は大失敗かと大いに悩んだものである。……ところが撮影を始めて見て驚いた。……本番前になると、演出家から出される注文を全部吸収消化した上で……精神を集中させ……凄まじい馬力と情感をこめて……芝居をやり抜いてしまう。……生き生きとしていながら、ハートとペーソスにみちていて……」(増村保造「『偽大学生』の思い出」)という超スターなのだ。そして、彼はこの存在性そのものの超グロテスクな特権的肉体の有するエネルギーを迸らせてその身体的批評性を全開するのだ。ただ、彼について言っておくべきこととして、ジェリー藤尾のトリックスター性の孕む要件の中には、批評性、自己道化への志向(増村の言うペーソス)が強くあるからこそ、大津彦一という真の——多面性を具えた——トリックスターを生成しえたのであり、だからこそジェリー藤尾は快優なのだ。

ジェリー藤尾という、本来戦後的パフォーマンスの具体性そのものであるロカビリー歌手であったその特色ある存在性が、戦後映画を代表するトリックスターとして生まれたことについて、次のことを考えておこう。彼は超エリート家庭の子として日本人を父に、そして西洋人を母として上海に生まれる——軍事色一色のこの国で育った子供とは違って——、自由で開放的な雰囲気のなかで子供時代を送り、戦後もこの国の硬直した教育体系とは別な地平で、そしてまた、その出自ゆえの差別的状況のなかでその内面を形成し、「日本的」な一切と自らで決別した生を送っていて、そのことがそのまま彼の役者としての独自の資質となったのではないか。彼の資質が作り上げた別の一本の映画を見てみよう——この映画については、私はもっと評価されるべきものと思う。ただアナーキーでまったく内面的要素を吹っ切った彼の資質が内蔵する表層の運動性によって出来上がった奇妙な軽さを持つこの映画は、新東宝末期の『地平線がギラ・ギラっ』(土井通芳監督)であり、そこでジェリー藤尾は旧来の日本映画に馴染みの、天知茂などの日本的チャラクターを持つ役者とはまったく異質の、「戦後」という自由な、なにものにも拘束されることのない、ただ空っぽの行動性だけを体現した身体性によって生きるチンピラ――ありもしないダイヤの存在を彼は出まかせに壮語し、そのアッケラカンさは天知たちすべての旧い体質の犯罪者を吸引する――を演じ、圧倒的に躍動する何もない身体性そのものを演ずるのだが、このジェリー藤尾の存在生の独自さは、まさに六〇年代の自由で猥雑な混沌性を体現している。この六〇年代の身体性そのものであるジェリー藤尾こそは、もっと注目されて良い類い稀な役者なのだと言っておこう。

監督・増村保造と映画状況

ジェリー藤尾という快優を起用しての『偽大学生』という名作を演出した増村保造の手腕は見事なものであるが、その具体的表われは、例えばファーストカットの受験発表シーンの、背景をまったく潰して、仮面のようなノッペラボーの顔だけを移動するただならぬ表現に始まり、彦一が寮から逃亡した早朝の街頭シーン――彦一の寄る辺なき心情が浮かび上がる――の広い、白々とした不安定な道路空間から、ラストカットの精神病院に幽閉された彦一を深い縦引きの構図の中に捉え、彼を前後に動かす、その深い闇と幽閉の重さとを強調するシーン――それを具現化する村井博のカメラを含め――など、全編、圧倒的な演出力なのである。この映画の素晴らしさは、プロデューサー以下、ジェリー藤尾、監督、技術スタッフ、なにより圧倒的なシナリオライター＝白坂依志夫の力量のすべてが与かっており、私たちがある時点から信じ込んでしまっている「監督」主義を見直させ、〈映画〉を作り上げる運動者の集団行為として映画があることを、もう一度思い返す必要性を要請しているようにも思う。

さて、ではこれだけの映画がなぜ、この国では六〇年当時ほとんど話題にさえならなかったのか――現在、この映画に注目する人たちは少しずつ増えている――、そのことを考えてみたい。そのことの第一の要因は、まったくの同時期(三日以前)に公開された大島渚の『日本の夜と霧』の政治主導的公開打ち切りという政治的喧騒――映画の内実が問われる以上の――の中で、表面的には、同様の事件を扱っていることも関係してか、この映画そのものが掻き消されてしまったことが考えられる。けれど、この映画を見ることもなかった人々に対しては、あの六〇年闘争の限界性の内実を深く抉るこの映画に関心を向けるだけの、時代と映画への深い関心と問いを持ち得なかったのだ、と言っておく。白坂依志夫は、六〇年闘争の最大の盛り上がりの中で書かれたこの映画の「準備稿」の前口上で「まるでなにかの流行を追うように近頃いろいろな日本映画に学生デモ風景が無責任に挿入されていますが」「私にはそれがたまらなく不愉快なので」決定稿からは「一切のデモ・シーンを刹除」すると書いているが、ここにはまさに六〇年当時の映画界の政治的風景についての苦い確認とそこからはなにも問題の根源を問うことなど出来ないことを見通し、その上でなにが問題かを問うことを、そのシナリオ制作に課したことが良く判るのである――「日が経っても決して色褪せることがないシナリオを目指して」(白坂・同前口上)。そして五十五年、今、あらためてこの映画は私たちの前に浮上する。

この映画が注目されなかった理由の第二点目には、今も続く映画〈批評〉の不在がある。本来、批評はその映画が孕む内的可能性を引き出し、その問題性を問うことにあるはずだが、当時も今も、批評は単に政治風景を追認するだけの行為でしかなく、批評が持つべき運動性を忘却した流行行為でしかなかったことによろう。当時書かれた、日本を代表する映画評論家・佐藤忠男による、ある批評は「『日本の夜と霧』その独創にふれて」という文章の中で――圧倒的な『日本の夜と霧』の評価と比べて――「似た題材によっている、増村保造監督の『偽大学生』が、わりきれない、もやもやした、所謂政治とは汚いものなんだ、と言ってすませているように見える」という見方に立って、映画の役割とは、「どう修正するか、という現実的な手続きが問題なのだ」とまさに政治機能として映画を位置づける。こうした文章に対し、六〇年安保の時代の映画評論――映画界で最も先進的な評論家の書く――の限界とはこんなものだ、と冷笑して済ませるだけでよいのだろうか。

佐藤の(少なくともこの時点での)政治を描く映画の評価には、政治とは政治イデオロギーのことであり、政治技術以外のものではなく、政治的世界とは人間存在の根底にある存在様式に関わる現実であるということに眼を向けたことのないその姿勢があるのだろうが、このことは彼だけでなく多くの者が、今もそう思っているのである。白か黒か、それに真摯に(と思われる姿勢で)向き合っているか、否か、だけがそこでは問われているのである。批評とは作品に対するイデオロギー的裁断ではない。その映画イメージの検証なのだ。そこには、当然「知」の政治性などに関心はない。

こうした旧い観念の裡に映画を呪縛してしまうのではなく、内包する可能性の新しい発見を行う運動こそ批評ではなかろうか。今、まさに〈映画〉を領導する〈批評〉が生み出されねばならない。

「ホシュ　ヲ　タオセ」——トータルな私たちへの批判

さて、ラストシーンのことを短く書いてこの小論を終えよう（本当は、このシーンのことだけでも、もっともっと検討すべきだが）。完全に精神障害者と判定された大津彦一は、幽閉された精神病院で——カメラに向かって——一人走り廻り、デモの真似をし続ける。そこで叫ばれるスローガンは「ホシュ　ヲ　タオセ」であり、この行動こそ紛れもなく、これまで暴露されてきた「政治」的現実の全てに対する異化として決定的な意味を持つ。ここでは大津彦一は確かに狂ってしまってはいる（その行動はその結果だ）、しかし、トリックスター＝ジェリー彦一は、どこか——彼が東大生を演じたように——狂気を演じているようにも見える。つまりトリックスターとして「わりきれない」（佐藤）——そこにこそ、この映画の今日性がある——時空を生成し、精神障害という扱いそのものの政治性をも惑乱させてはいないか——狂気を演ずること。そのことこそ巨大な〈反政治〉運動ではなかろうか。

私たちはこれまで、今ある、この政治に抗する方法として狂気を演ずることが最も先鋭な方法の一つであることを凄惨な現代史のなかで様々に学んできた。だからこの国の偉大なトリックスターが政治を異化するその方法として、狂気を選ぶことも充分にあることを確認しておこう。だからこそ、彼が呼号するのは、六〇年安保のスローガン「岸を倒せ！」ではなく、この時代の闇と政治と知の権力性と学生という存在の如何わしさと、家族や世間、更には「批評」をも、そのすべての保守性と制度性を倒すための根源的叫びとして「ホシュ　ヲ　タオセ！」であるのではないか。孤高のトリックスターは私たちに向かってその保守性を問うことを叫びかけているのではなかろうか。

付記

本稿は『映画芸術二〇一五年春号』（通巻四五一号、追悼・白坂依志夫）に寄稿したものに加筆したものである。また、天野恵一や三井峰雄たちと行っている「映画（特にB級映画）を通して戦後を考える」集まりでの話し合いも、この小論を書くに際して参考としたことを記しておく。

映画『偽大学生』（一九六〇年、大映東京作品）
企画・藤井浩明
監督・増村保造
原作・大江健三郎『偽証の時』
脚本・白坂依志夫
撮影・村井博

音楽・黛敏郎
出演・若尾文子、ジェリー藤尾、藤巻潤、船越英二、中村伸郎、伊丹一三

第五章

映画が作った「労働者」イメージを超えて

社会の余計者が日本の戦後を覆す——『嵐を呼ぶ十八人』（監督・吉田喜重）

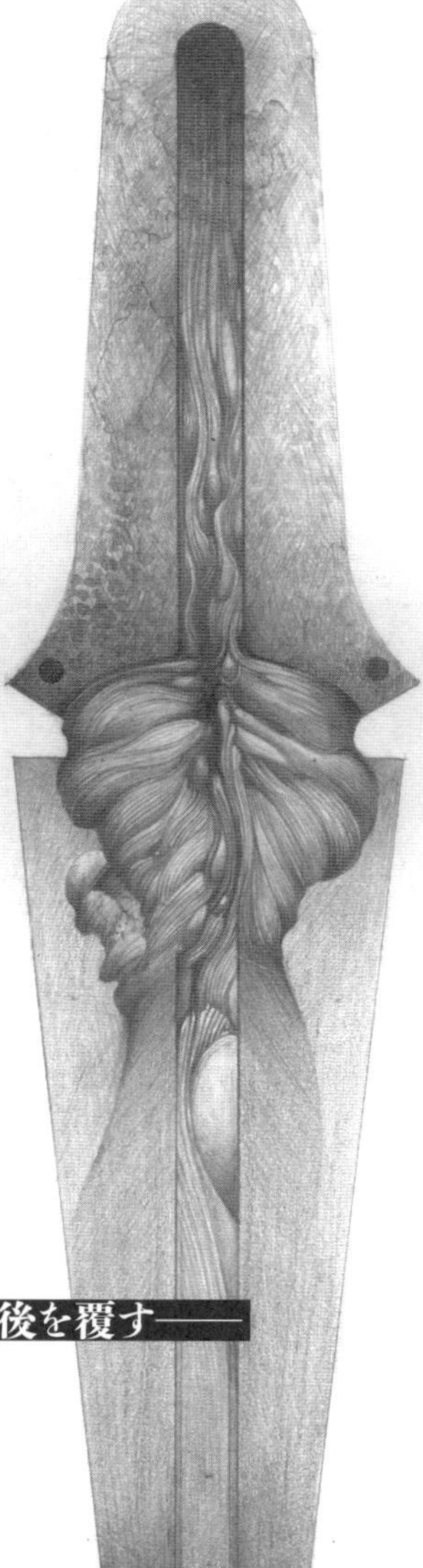

この地上の征服とはなんだ？　たいていの場合、それは単に皮膚の色の異なった人間、僕等よりも多少低い鼻をしただけの人間から、むりに勝利を奪いとることなんだ。よく見れば汚いことに決まっている。だが、それを償ってあまりある一つの観念。

（ジョゼフ・コンラッド『闇の奥』中野好夫訳）

わたしの方法をいえば、個々の作品にできるかぎり焦点をしぼり、それらをまず独創的想像力あるいは独創的解釈の偉大な産物として読み、つぎに、そのような作品を、文化と帝国の一般的な関係の一部として示すことである。作者の存在がイデオロギーや階級や経済史によって機械的に規定されるなどと、私は信じてはいないが、しかし作者はまた、みずからの属する社会にどっぷりとつかり、さまざまなかたちで、歴史と社会的経験を形成しつつ、またそれらによって形成されるのだと信じている。文化と、その文化が包含する美的形式は、歴史的経験から派生する。

（E・W・サイード『文化と帝国主義』大橋洋一訳）

映画＝運動――流動する身体

まず、映画の冒頭シーンとラストシーンとに注目しよう。疾走する列車である。白黒映画だけが有する豊かなイメージのなかに対象に迫る緊迫したショットによる、圧倒的な空撮によって、驀進する列車と街とが映し出される。この列車に乗っている十八人、この社会の余計者＝クズたる若い男たちは、やがてこの街のなかで、そのまったくの異物として生きることとなるのだが、この予感に満ちた導入部と、ラストシーンに提示される〈流動という生〉のあり様の困難さ。しかし同時に、そのことによってしか彼らの生は実現しえないのだという確信とが、この二つの息の長い空撮には孕まれている。

そして、ファーストシーンではこの空撮に続いて、〈嵐を呼ぶ十八人〉のふてぶてしい面構えが映し出され、彼らこそ健全な市民社会の異物としてあるのだ、と一見ネオリアリズム映画的雰囲気を持つこの映画は核心へと一気に突入する。そしてそれに続く小造船所内の細心で的確なショットと、彼らのキャラクターを彼らの身体動作の細部において見事に表象する人物描写とは、まさにネオリアリズム映画的導入とでも言うしかない。ネオリアリズム的方法とは、戦後の焼跡のなかに放り出された人々と、その荒廃した環境をまるごと捉えることによって、人々の内面までも表象する、そうした方法であり、確かにこの空撮とそれに続く小造船所の描写はネオリアリズム的世界を想わせる。しかし、この身体性の細部が表象するただならなさは、それだけに止まらない。私はここでネオリアリズム的とあえて書いたが、この映画はネオリアリズム的映画が色濃く規定されてある、その戦後的方法と物語とを批判的にはるかに超えて、若き十八人が彼らの生の経験のなかから自ずと獲得した対抗的身体性によって戦後的思考様式そのものを超えて〈身体の直接性〉による戦後的思考の超克を行おうとした——そのための身体言語の発見——、きわめて刺激的な映画表象としてあるのである。

情況のなかに放置されてある、平準的な人間のおかれた一般的情況を最大限広い地平のなかに見ようとする戦後的な映画方法であるネオリアリズムの方法は、一種の観察の映画としてあるのだが、吉田喜重によるこの『十八人』は、六〇年代に入って発見されることになる身体の直接性を媒介とする新しい変革への予感のリアリズム映画＝戦前から持続する戦後性を超克する映画としてある。戦前性をすべての面で引きずってきた敗戦直後の五〇年代までの戦後映画的思考様式を問い直す明確な方向、すなわち個の内面に浸食した情況を、個と情況との全体的格闘において捉えようとする。身体に表出する情況。つまり六八年変革の数年前に〈生を全面的に革新する〉という六八年的課題が、その十八人のそれぞれの固有性の鮮烈な表象に媒介されて、ここには予告的に出現し、その問いによって、映画的構造が生成されている。

次いで、この映画のタイトルについて書いておこう。このいかにもありそうな、大衆娯楽映画風、あるいは通俗アクション的ヤクザ映画もどきのタイトル。しかしそれでいてヤクザ映画が好む超絶した個のヒーロー性に対し「十八人」という紛れもない〈群像〉を提示することによって、当時この国の主流となっていた孤独なヒーロー劇への批判——焼跡闇市に象徴される戦後こそ群衆の時代だ——を滲ませたこの不思議な両義性を持つタイトルこそ、これまで多くあった大衆娯楽映画のスタイルを採りつつ、興行的にはそのことを売りとし、同時にその批判を内在することで映画の方向を表象するというきわめて戦略的なそれなのである。「流動する」をヤクザ映画風に言うなら「流れ者」となるのだろうが、ここにはそんな「美学的自虐」の精神があるわけではなく、ただ剥き出しの身体性の即物的行動による反逆だけがあり、美学的な自虐への意図的な批判としての反美学的な映画、すなわちここには直接的な生の身体性に依拠した群像とそのなかにしか存在しえない個性とが鋭く表出されてあるのだ。つまり、この国に連綿として続いてきた「大衆娯楽映画」という神話をも内的に批判しようとする企て。このことは、あえて言うなら「反大衆映画」の方法を持った大衆映画を目指すものである。今、ここに生きる者の生の課題に向き合い、今を生きる青春群像の生の現実性を赤裸々に問う、様々な意味でおそらく日本の映画史を塗り替える作品として『嵐を呼ぶ十八人』はあるのだ。

以下、いくつかのテーマに則しながらこの映画の開示した問題点を私なりにまとめてみることとする。

作られたイメージの「労働者」を問い直す

この映画は、なによりも旧来の「労働者」映画が表象する〈労働〉と〈労働者〉イメージを根底から問い直す。すなわち彼ら十八人はタコ師と呼ばれる悪徳手配師によって、戦後の造船景気に沸く、呉の小さな下請け造船所に送り込まれた最下層労働力たる十八人の物語であり、やがて半年後には不況によって、ここを追われ北九州の重工業地帯へと追いやられる臨時工たちの物語である。彼らはこれまでずっとこのようにくらして来ており、どこにも——家庭にも、学校にも、職場にも——帰属したことのないままに、ただその時々に労働現場が必要とする「労働量」として、これまでその生を維持し続けてきたのだ。どこにも帰属していない、あるいはしえないという個とは、実はこの国の戦後的世界のなかには存在しえない体制の制外者なのであり、その日常はむき出しの肉体的暴力性の噴出として現出するしかなく、そうした生のあり様はいわば、戦後民主主義とそれが形成する〈知〉を前提とする民主主義的社会体制とは対局にある生き方となっており、まさに社会の余計者＝クズ以外の何ものでもない。彼らは、公認の労働者という真っ当なあり様とはまったく違った存在なのである。この映画が全面的に問うのは、〈労働〉と〈労働者〉という自明性そのものなのであり、神聖とされるそれらへの疑いであり、そうしたことを歴史の前提としてきた戦後性そのものの問い直しであるのだ。ここに登場する十八人は、これまで映画が描き続けてきた労働者神話とはまったく異なった異物としての青春群像であるだろう。かくして、これまでこの映画は多くの識者からも、そして映画のなかに自明の労働者像を求めてきた映画観客からも、そしてなにより、スクリーンに美学的ヒーロー像を求めてきた者に、眼を向けられることなしに忘れられてきた。

『嵐を呼ぶ十八人』は戦前・戦後を一貫して自明のように規定し続けてきた「左翼映画」(傾向映画以来の)が作り出してきた幻想の理念――固定化された、作られた旧い理念――としての「労働者」イメージ――一言で言うなら近代資本主義社会にあって、社会的進歩の推進者としての――を壊し、その理念とはまったく異質に、この現実のなかで正統な「労働者」となることさえ拒否された社会的な制度外の最下層若年労働の群れ、つまり社会のクズたちの「余計者には、余計者のやり方がある」(十八人の一人の台詞)という、その生の軌跡を鮮烈に描くことによって、良識派映画の労働者イメージの自明性を根底から覆し、改めて〈労働〉と〈労働者〉の意味を問い直す。そして同時に、そうしたイメージを作り出してきた〈映画〉という制度的システムをも問い直すものとして企図される。そのことでこの社会の変革運動そのものの根本的改革を映画は要求する。なぜなら社会運動もまた映画＝カノンに倣ってイメージの労働者を運動の担い手としていたのだから。

流動する生――移動する列車

吉田が提出した十八人の「若者たち」(と言う良識派映画もあった)は、これまでのどんな労働者のイメージとも無縁である。彼らは公認の労働者が所属するどんな「組織」にも帰属してはいない。そしてこの社会の全ゆる組織から追放されており、決してそこに帰属することを良しとはしていない。そこに帰属することは、彼らの〈生〉のあり様そのものを壊すことになるのであり、どこにも帰属せず、どこにも定着しない、彼らが自らで選びとった生こそが、嵐を呼ぶ存在性そのものなのだ。勿論、彼らは戦後的・民主的状況——彼らと彼らを取り囲む環境には一切の民主的法体系の庇護や労働環境など、左翼映画が当然のこととした諸条件など端から存在してはいない——の総てから疎外されたままに、しかし、彼らはその余計者の生を即時的に最大限生きつつ、この国の情況のなかを流動し続ける。

かつて流動する大衆は一っ時の生息地として——集住することは生を繋ぐ根拠地でもあった——、各地に必ず存在した「寄せ場」に身を寄せた。そこではあらゆる喰いつめ者が受け入れられ、新しい生のためのエネルギーを蓄えることができた。同時に寄せ場は「暴動」をも生成する運動性の根拠としてもあった。だから権力は一貫して寄せ場の解体を目論見、今世紀に入って一定程度、そのことを完遂した。しかし一方、末期資本主義は疲弊し、ますます制度の裡に包摂できない大量の浮浪の人間を生み出しつつある。そしてポスト「寄せ場」の時代、寄せ場の解体を図る権力は、そうした不定形の大衆を周縁にと放逐しようと企だてる。かくして、寄せ場的あり様を有する空間は、いたる所に偏在することになる。だからこそ、この「十八人」の集団的流動は新しい始まりを告げる運動なのだ。この映画の時間(およそ半年ほど)の中では、十八人は大阪から呉に送り込まれ、映画のラストにおいては北九州へと「労働量」が必要とされるどんな場所へと送り込まれ、流れ続けるのである。中国映画の『長江哀歌』(ジャ・ジャンクー監督)の労働者たちと同じように。このことは、『長江哀歌』のおよそ半世紀以前に吉田が開示した世界が、今や世界の情況となっていることを表象し、この映画が世界の現実に先駆けたものであったことも明白である。この崩壊直前の末期的資本主義がグローバル化された全世界において、どこにも帰属しえない労働者群像は、もはやどんな国、どんな地域においても多数存在しており、彼らは流動を余儀なくされているだろうし、その流動の裡に、自己の国境なき、階級なき生き方を幻視する。そしてそのことをおいて他には、その生のあり様を視つけ出すことはできない。

彼らを乗せた移動する列車。この列車のイメージこそが、この映画全体を表象するのだがその移動の一方には「定住」を旨とする市民と市民生活——そのなかには町に寄生するチンピラヤクザから本工たる組織労働者までを含む——がある。その市民社会の対局に存在する流動する社会の余計者があり、その存在性そのものが定住を旨とする戦後民主主義の一切を批判し、その生き方を超える方法としてあるのである。同時に階級としての労働者という現実性が根底から否定され、その存在それ自体が抹殺されているこの現実のなかで、労働と労働者という神話だけはむしろ強化され、自らを市民でありたいと望む者は、働くことと組織に所属することに向かって自己を強制・呪縛し続けている。もはや、旧来の労働者映画の神話性はまったく無効となったとはいえ、しかし、定着し健全な市民生活を送るための基盤が、働くことと企業に属することにあるという、この社会が作り出す神話はより強固な幻像となってこの社会、特に若年層を呪縛している。

そこには旧来の労働者映画が描き続けてきた神話が今日的衣裳をまとってまったく疑がわれることなく無惨なまでに横行し、労働と労働者はそのあり様の全てにおいて善であり、この健全な社会を形成する基礎であり、社会的進歩を作り出してきたという神話がまったくの自明性として強固に持続し、若者たちを呪縛し続けていることによっている。働く者はその存在性ゆえに常に進歩的であり、この社会的現実のなかで時に間違いを起こすとしても、そのことはすぐに修正されるものとして、働くことと、働く者の神話性はまったく疑われることはない。だから旧来の映画も今時の若者映画も、物語の始まりと終わりにおいては働く者は進歩し――進歩とはどういうことかが問われることなく――より高い意識を持って社会に係わり続ける。働くことは神聖であり、働く者は善であるという観念は、作為された社会戦略のなかに生まれ、やがて自明なものとなる。その不変のイメージを映画はその誕生時から増殖してきた。そしてそのことを増殖させたのは、なにも「左翼」映画だけではないのであり、むしろ「大衆娯楽」映画そのものがそのイメージ生成に加担し、そのイメージを増殖させてきた。だからこそ、この『嵐を呼ぶ十八人』は様々な意味で戦略的映画としてあることを覚えておきたい。

新しい集団が新しい共同性を作る

十八人は進歩もしない。自覚など勿論もたない。どこにも所属しないし定着も求めない。組織など頭から信じてはいない。ただ流動する層としてのその存在性は、そのことによって実はまったく新しい集団性、すなわち社会的関係性を彼らの裡に作り出しており、その集団性こそが流動する生そのものを形成する。彼らが選びとったその集団性は深い必然性によって、表面的にはバラバラなままに集合的であり、無意識の裡に彼らが存在しえる根拠が「十八人」であるというその集団性のなかにあることを感知しており、だから彼らは一人として家族の方を向くことさえない。彼らにとっての家族とは絶対的な拘束性なのであり、その拘束性から自由であること、すなわち流動する不良であることを生きる証とすることが十八人という集団性になることを誰もが感知している。

十八人は、映画のなかではまったく「進歩」しない——つまりこの映画は反労働者映画であることは勿論だが、流行の現状否定的若者映画に対しても反映画である——、来た時と同じように、追放される列車のなかでまったく無軌道な根拠のない〈宴会〉が始まる。ここでは移動は祭りなのである。この〈移動祝祭日〉を愉しむことこそが、定住によって身体を拘束しようとする社会の悪意に立ち向かうための打ち上げ花火なのだ。定住こそは日常のなかに身体の記憶を封じ込める。出発＝流動こそは拘束されない自由の生の生成の始まりなのだ。言うまでもなく定住とは近代市民生活の基本的生のあり様であり――吉田の所属した松竹大船映画は延々とその映画を量産し続けた――、そのなかに人は位置することによって市民であり、市民社会は安定的に形成される――これが日本映画の主流である基本スタイルである。それに対し流動は、この社会そのものの基底を崩し、社会そのものの崩壊を導くものであり、したがって市民社会の敵対的情況とみなされる。当然のことに定住は安定した家族関係を前提的に形成し、その先に幻想の共同体たる「国民国家」を想定している。これに対し、流動はそうした定住の内実を常に不安定にし、国家を動揺させ、安定生活を望む者に疑いの目を向けるものとしてある。この時、近代資本主義は安定的上昇期にある時には、その労働力を安定的な定住の方向に向かわせようとするだろうが、一方で資本主義の危機――不況期――に際しては逆に、その構成要員(昨日までの労働力)を切り棄て、資本そのものを保守しようとするだろう。すなわちその構成員の流動化を生む。だから資本主義はその内実のうちに実は定住ではなく、流動性を招来することを内包している。しかし、健全な市民を前提とする保守的な社会は、不況期においても慣習的に「市民社会」と「生活」とを守旧する。この守旧的イデオロギーこそが「流動する生」を排斥しようとする。吉田が問おうとしているのは、この習慣化された社会意識でもある。

そして、資本主義内存在として自らを規定し、その裡に自らの自己同一性を求める者は絶対に流動性に眼を向けることはない。しかし、端からこの資本主義内社会関係から弾き出された存在たる社会の余計者にとっては、その流動性のなかにあることだけが自らの存在性そのものとしてあることを彼らは直感しており、そうあるだろう。そしてなにより、意識的に近代市民主義社会に内包されない、余計者、非定住者は、流動を己の生きる方法として生きるしかなく、到るところに仕掛けられてある定住性の境界を超えることによってしか、彼らの生を十全なものとする道はないのである。だから十八人は、彼らの北九州への流動の開始にあって、こうした習慣化した定住性にまだ慣れていない高校生たちの祝いのブラスバンドによって送られ、また彼らの一人が大阪から来た母親によって連れ戻されようとする時にも、その力に抗して連れ戻されようとする者を守り、全員で、流動の裡にその生のあり様を視つめようとするのだ。列車のなかは宴の時となる。呉における定住の、あるいは被拘禁の時は終わり、次なる流動そのものとなる列車のなかは、したがって祭り――市民社会の祭りは十八人を無視した――の時であり、宴会のハレの時間である。

映画のなかの宴会

これまで前衛的な戦後映画は多くの印象的な宴会シーンを生み出してきた。おそらく宴会こそが、慣習の裡にある、封印された様々な問題が一気に全面的に噴出する、日常の続きの時でありながら、宴会という非日常はその負の日常性の反転の時間としてあるゆえに、宴会シーンは多くの前衛的作品の中心を成してきたと思われる。宴会シーンを多用する代表は大島渚の映画であるけれど、しかし、大島の作品がいわば観念的あるいは一種の象徴的シーンとして設定されているのに比して、この吉田の宴会シーンのもつ一種のヤケクソさは実にストレートである。ここにはまったく観念性などないし、ただアナーキーなヤケクソさ、これから繰り返される流動の困難さを、どうでもなれという心意気で吹き飛ばそうとする空っぽな壮快さに満ちた、なんともアナーキーな狂騒宴会シーンとなっている。ヤケクソというナンセンス。それが一切の意味＝制度性を無化する。流動を続け、多くの場所と時間とを越境し、繰り返すことによって、六〇年代の日本の高度経済成長社会の——そして現在も流動という生き方は、私たちの眼に見えぬ辺境で続いている——鬼っ子として生き、その根源的辺境で社会そのものを流動に転化する。その先駆けとしての非定住最下層若年労働力集団の越境行動こそ、この健全な社会にとっての決定的な異物であり続ける。この流動をこそ、自己の生のあり様とするその生こそ、社会の余計者の生の根拠であるのだ。

大阪から呉へ、呉から北九州へ流動する十八人は流動という生き方、〈越境〉という自覚的方法を生きる。この彼らの志向は実に多くの機会に現出し、例えば夏の海に簀巻きにされて放り込まれた一人の少年が、ただ無目的に沖へ向かって一人泳ごうとする姿勢や、闇雲に街のチンピラヤクザに向かう少年のなかに表象され、越境こそ彼らの生の証であることが至るところに現出する。特に、一人沖へ向かって泳ぐ少年のシーンは、この世界とは別な絶対自由を探す、ある存在性の美しさとはかなさに満ちている。吉田喜重の『嵐を呼ぶ十八人』こそ、最も根底的に市民社会を異化し、遠く越境し、休むことなく流動する生を選んだ怒れる若者たちの流動の生そのものの表象であるのだ。

社会の余計者——労働者神話を異化する　暴動へのスタンバイ

六〇年代半ばまで、神聖な労働と正しい党派性を有する主体を軸とする正統的な労働者映画は日本映画の主流であり続けてきた。

勿論、この二十一世紀の時代には、組織された「労働者」など単なる体制内的、体制補完物であることを疑うものなどいないだろうし、その制度的労働者と組織とが今日、様々な体制批判運動の敵対者であることは誰の眼にも明らかなのだが、六三年の時点で——六〇年安保闘争のなかでグロテスクに浮上したとは言え——、これほど明確に労働者本体とその本体が担う労働運動の内実を超えて、流動する組織なき身体性こそに眼を向ける吉田喜重の映画的冒険は圧倒的に鋭いものがある。このことは定住を前提に、「家族」という制度性とその延長にある「国家」を延々と描き続けてきた松竹大船（吉田はそこに所属し、そのエリート社員監督として出発したのであり、この映画制作の時点でもそうである）映画への明確な批判映画としての映画が意図されたことこそに改めて注目したい。というのも、六〇年代以降今日まで、表面的な図式的イデオロギー性や批判なき労働への視点は失くなったとはいえ、そうした映画のスタイルや方法を許容していた映画人の映画に対する向き合い方はまったくに温存されたままに今日に持続し、その根底的映画意識は批判されることのないままに今日まで生き続け、今日的ファッションを装備しつつその内実において松竹大船的映画は再生産されているからだ。だからこそ、吉田のこの映画における視点と方法は重いのであり、今日にこそ再検討される必要があるのだ。同時に松竹大船映画への批判だけでなく、当時、主に東映京都作品として量産された「股旅ヤクザ」映画の完結した任侠美学への批判的視点にも眼を向ける必要がある。この美学こそが、結局「特攻隊」的自虐意識を生み、そしてなお現在にまで繋がる私たちの心性を生成しているのだから。

　この映画には完結した任侠美学など存在しない。この日本の現実の只中に蠢く〈怒れる若者たち〉（ジョン・オズボーン『怒りをこめてふりかえれ』）――六〇年代、世界の怒れる、現状に満足しない青春像を表象する代名詞として、怒れる若者たちという名称はあった――の不定形の裸形の迸るエネルギーこそを描きつくそうとする方向が明確にここにある――世界の同時性のなかの映画。ここにはキャノンと化した〈労働者〉イメージ――それこそ映画が作り出してきた――など、どこにも存在しない。ここに現に存在するのは流動を選びとった、どこにも帰属しない、その内面に名付けようのない怒りを持った、これまでの映画が絶対に眼を向けることのなかった制度外の人間だけである。吉田はこれまで映画が作り上げてきた正当の労働者像と、そうしたイメージを延々と作り続けてきた制度的な映画の裡には、なんらの可能性も認めることが出来ず、映画が無視してきた無目的に身体の直接性な反応のみをメルクマールとして行動する、自らの行動を自らで律することの出来ない労働者ならざる「青春群像」（フェデリコ・フェリーニ）の、その不定形のエネルギーの裡に〈暴動〉の現実性と〈変革〉への予感を視ようとする。勿論、彼らのまったく衝動的な肉体的噴出の方向性なきあり様の繰り返しでは、そのエネルギーは決して暴動へと向かうものではなく、ただ時々の不満のハケ口の解消にしかならないだろう。肉体的な衝動と暴動とは同じ地平にあるのではない。けれど、その時々の無目的な肉体の噴出行動――それこそエネルギーの雲散霧消だ――を止めた時、彼らは体制のなかへと繰り込まれてしまう。そのことは十八人がその生の経験のなかから充分に知覚していることであり、絶対にその「大人」への道へは彼らは進むことはない。そしてこの無目的で方向を持たない肉体性の直接行動だけが、彼らの身近にあって彼らを呪縛している工具などと結びつき――工具は武器となる――単なる工具ではないある別な可能性として幻視され、彼らの内で開示された時、その媒介――例えばそのことは、仲間の死であっても良いだろうし、内面の辱めであっても、あるいは理不尽な屈辱であっても、そうした根源的な集団的怒りの全てが媒介となるだろう――を通して無方向であった暴力の噴出は暴動へと開かれる。確認しておこう。吉田は怒りの衝動が暴動へ向かう契機に、従来のイデオロギーのように「組織」などがあるのではなく、彼らのなにものにも拘束されない生そのものこそが、その根拠であることを表象する。だから彼らは暴動とは無縁なように見えながら常にそれへのスタンバイ状況にあるのだ――コザ暴動を想い起こそう。

管理者、その曖昧なあり様

その彼らの最も身近な手強い相手が、この映画の一方の中心たる十八人の束ね役(会社は不良共の教師役イメージを望んでおり、十八人と似た出自を持ち、同じような経験を持つ彼はそのための魅力的で現実的な器量の持主である）、管理者である若い男（早川保が演ずる）は、その余計者と真っ当な市民との境界に位置する者であり、十八人にとっては許容できぬ大人への歩みを始めた身近な敵であり、同時に、ある面で同じ志を忘却してはいない近しい存在でもあるのだ。曖昧な存在性のなかに十八人と同じ資質をまだ有する、その若い男の存在性は、十八人と同じ方向を向いた共同者でもあるのだろう。若い男は彼自身そのあり様にどこかイラ立っていて、そのことが十八人をこの場に繋ぎ止めている。若い男は時に十八人に共感し、時に〈労働〉の裡に十八人を自立させようとする。このきわめて曖昧な存在性に生きる男は、映画の最後に「ここには長く居すぎた」と流動のなかへもどる意志を示すことになるのだが、十八人にとってこの若い男の曖昧性こそがバリアーとなって戦後民主主義の教師イメージのように立ちはだかる。また、この若い男とその恋人との交流だけが、物語のなかで唯一、具体的な出来事（結婚）としてあるのであり、この二人の愛の軌跡は恋愛映画としても特筆に価するほどに美しく、この映画を魅力的なものとしている。この恋愛経験を若い男と共にその身近で、彼らがこれまでまったく知ることのなかった新鮮で憧れに満ちた女と男との人間関係を身近に共有することによって、それまで経験することもなかった人間的現実の経験をすることとなった十八人は、そこで人間的営為としての〈恋愛〉という関係性を目にすることとなる。この交流のなかには、十八人の内の一人による（誰かは判らない――この暴行シーンはきわめて印象的なショットによって構成される）、男の恋人への暴行事件も含まれていて、実に複雑な問題を孕んでいる。レイプという、人間関係のあり様を暴力的に切断する行為が、様々な意味で深く関係性の亀裂をもたらす。しかしそのことは一方的に断罪されるのではなく、十八人と男との間では事件は人間的関係性のなかで共有され、問い直される。これまで、肉体的な反応だけで生きてきた十八人は始めて、社会的存在たる人間の関係性の深い位相に触れることになる。即物的な反応だけでは関係性を変えることなどできない複雑でかつ豊かな人間のあり様、特に愛という関係性の深い意味。そのことに心を開くことなしに、この現実を変えることなど困難である。

もともと若い男は職工としてその腕は本工以上のものを持ち、工場の中核的存在であるのだが、彼は本工ではないゆえに、ストでも起こればたちまち飯の食い上げとなり、それでも黙って無為の裡に——スト破りを行うわけではない——本工のストを見ているよりしかたない存在である。恋愛においてもきわめて無骨な男であり、女への対応も常に滑稽なほどにチグハグである。確かにこの男はその生一本の生き方において十八人にも、そして会社にもある種の信頼を得ているのだが、彼は自身の存在性そのものの位相にとまどっている。だが、そこにこそ彼の誠実さはあり、十八人には社会的な学びの機会を自らのあり様、自ずと表出される生き様によって提供している。教えることの抑圧性に対し男はただ自己の内面に誠実であることによって、結果として民主主義的な教師像とは違った生き様を開示する。しかし一方では、その誠実さは、十八人のエネルギーをもスポイルすることも確かではある。そのことはまた、十八人の経験に組み込まれる。彼のイメージには、従来の正しい指導者のイメージはまったくない。ただこの社会の矛盾を全身で生き、チグハグで滑稽で生き惑ったその姿を十八人の前に晒け出す。強いられて始まった若い男と十八人の共同生活は短い間に、十八人に、この矛盾に満ちた社会のなかに生きる人間の不可思議な存在を垣間見させる「大学」となる。その広く深い——売買される性ではない人間的関係性としての恋愛を含めて——交流と経験の積み重ねによって、十八人は全的な人間存在への眼を開眼することとなる。これまで十八人が知ってきたきわめて矮小で短絡的な他者への対応と性の作られたイメージによってではない、現実の様々な生のあり様の豊かな経験は、十八人に深く影響を与えることとなると同時に、映画は単純な図式的な左翼映画のプロパガンダとはまったく違って、世界の不可思議さと変革の困難さと人間存在の不可思議さとを表象するだろう。十八人は人間的営為の無惨さをも経験することになる。この無惨さのなかにある人間とはなにか。十八人もその問いに無縁ではなくなる。

吉田喜重の映画的問い

一九六二年に恋愛映画の傑作『秋津温泉』を撮った吉田が、なぜこの恋愛映画を撮ったのかは、本論とは別に充分考えておくべきことだが、そこで展開された松竹大船映画の恋愛映画の伝統(その内在的批判であるが)の上に成立した『秋津温泉』の後に、一見それとはまったく違ったテーマのように見える本作、この生々しい社会の余計者の生態を撮ったかは十分に考えておく必要がある。ここには、『秋津温泉』にもある問い、すなわち戦前・戦後を持続し続けた、この国の人間の心性とは何かを問う意図があるのだけれど、『秋津』が日本的メロドラマへの内在的批判であるとすれば、『嵐を呼ぶ十八人』は良心派映画に一貫して流れる、変わることのない労働者イメージそのものを疑うこと、そうした戦前戦後を一貫するイメージの根拠を問うことによって、戦前戦後を断絶のないままに生きた映画というシステムそのものへの問いを行うことにあるのだ。メロドラマの構造と労働者映画の構造とは、実は同根のものであり、そのことを全体的に問い直す試行が『秋津』から『嵐を呼ぶ』には貫流するのだ。

だから『嵐を呼ぶ十八人』には、なによりも旧い制度化された左翼運動がイメージし——それを作り出したのは映画だ——、遵守し続けている「労働者」像を解体し、真に変革のイメージを垣間見ようとする映画的企てがある。その結果、この映画は紛れもなく六〇年闘争以降——そこで政治現象的に現出した課題が、生の全体性の問題として再提起され、その後六八年的課題となって全的に問われることとなる——の問題性を圧倒的に内在批判する問題作となってこの映画は現出する。それが映画にとっては、ポストヌーベル・ヴァーグの課題であるにもかかわらず、この国では映画のヌーベル・ヴァーグとは単に性への関心とスピードとファッションという表層的なエピソードとしか思われてはいなかったのだ——、映画のヌーベル・ヴァーグとは端的に言うなら映画そのものを問うことなのだ。そして、この『十八人』という映画の根底的な問いは、まったくそのことなのである。

それにしても、ここに登場する社会のクズ、十八人はなんと徹底的に無名性の存在であり、それでいてなんと個性的な面貌を持った十八人なのだろうか。演ずる役者たちもまったく無名の役者たちであり、その弾けるような身体性は六〇年代に始まるアングラ劇の役者たちを連想させる。考えてみると、この時代はまさにアングラという無秩序、それまであった旧来の演劇自体を革新する、身体性による物語性の解体という劇スタイルの出現があり、そうした運動は、旧来の「新劇」体制そのものを徹底的に異化し〈都市〉そのものを、そのあり様によって異化したのだが、そのスタイルの中心的方法としてあったのが〈特権的肉体〉という身体性なのであり、この『嵐を呼ぶ十八人』もまた、無名の役者たちの魅力的な身体性によって、旧来の映画を異化したのだった。

しかし、こうした群像が、松竹の商業映画として公開されたのはほとんど奇跡であると言える。今日濫発される良い子映画のカワイイ役者たちと比べた時、この映画の十八人の顔貌とそのあり様とはいかに違うのか。そして、松竹大船映画は一貫して、美男・美女役者による変わることのない家庭劇を主流としていたのだ。この点だけでもこの映画がいかに反制度的なものかがわかろう。また付け加えれば、なぜか、吉田喜重というと、ＡＴＧ映画以降の「芸術」作品しか注目されてはいないのだが、実は松竹時代の吉田の試行はどれも、映画そのものの根拠を問う吉田喜重の〈反映画〉としてあることを改めて強調しておきたいと思う。そのなかでもこの『嵐を呼ぶ十八人』は圧倒的に今日的映画としてあるのだ。

呉という町——海と軍港と造船所

吉田喜重という映画作家の偉大さは巧みなロケーションの活用と、そこでしか成立しない劇との構造的な一体制をはっきりと意識したところに映像を作り出す、その稀有な資質にある。つまり吉田にとっての風景とは、彼が作り出した風景が彼のフィクションの風景（現実のものではなく）として、映画そのものの内実＝映画言語となって映画を構成することなのだ。吉田はそのフィクションとしての風景をきわめて意図的に活かし使用する。このことは実質的にロケーションによってイメージを規定されながら、そのことにまったく無意識であった日本の多くの映画監督たちへの批判でもあるのであり、映像に切りとられた風景によって映画は規定され、その裡で映画は映画となることを吉田は充分に意識しており、その上に彼の映画的表象はなされるのである。後に吉田が多くの美術ドキュメンタリーを作ったことと、このことは重なってある。

この映画の冒頭、タイトルバックは空撮によって〈呉〉という町を表象する。そしてこの映画のメインステージ——映画の最大の構成要素——として呉という戦前・戦後を貫いて「軍都」である町があり、その呉という町と映画とは不可分のままに、権力性そのものである町とそこに安定した平和都市を希む市民性とは、この社会の余計者・クズたちを無言の裡に疎外し、この町の市民であることを疑ったことのない健全な市民性はその制外者たちを無視し、その無言の抑圧性によって閉じられた空間のなかにクズを幽閉する。こうして市民外の者を寄せつけないその無言の力は強化され、余計者のうっ屈した感情は増殖し続ける。呉という町のあり様そのものが流れ着いた余計者にとっては抑圧的である。映画のロケーションとなる町の内実と映画の物語とがこれほど密接に――勿論、そのことは映画内で説明されるわけでもないし、解説があるわけではない――結びついて表象される映画は外にない。

ここで少し、映画とロケーションとの関係について考えてみたい。例えば、吉田が最も意識していたと思われる監督の一人、松竹大船の巨匠・小津安二郎は、鎌倉をロケーションに多用する。さらには『東京物語』においては尾道が舞台となり、その結果、そのロケーションは小津の特権的な場所となる。では様々な顔を持つ鎌倉という現実の街が小津にとっての現実のなかでは、あの戦後的混乱の裡にありながら、まったくその現実の風俗を切りすてた無垢の理念上の街として浮上し、そのイメージされた街が、必然のように登場するのはどうしてか。敗戦から数年後の当時、例えば鎌倉にも混沌の街はあったし、鉄条網で囲われた米軍の居留地は多くあったのである。しかし小津が描いた鎌倉というロケーションはそうした現実の鎌倉を意図的に、作為によって切りすてた小津による理念上のフィクションの街以外ではないのだ。そして、小津にとっての自明の鎌倉の現場らしさを撮し採っているがゆえに、観る者は誰もその真実らしい作為された街を疑うことはない。むしろ観る者はその光景こそが彼らの望んだロケーションであり、「現実」の鎌倉であることを信じたいのだ。小津の映画的鎌倉のなかでは、誰も現実の鎌倉など観たくはないのだ。だから小津はそうした街を切り撮る。「作為」と「幻視」との共犯関係によって、映画的現実は生まれる。こうして小津の鎌倉という神話が成立する。この映画的方法を、吉田以前には誰も疑ってはいない。そして、小津による理念上の鎌倉は、小津映画にとっての必然性のように小津の街が一人歩きする。自明の鎌倉のイメージが当然のように繰り返される時、観る者には鎌倉はイメージの鎌倉でなければならなくなる。

そして尾道もまた小津の理念によって虚構された尾道なのであって、戦後の現実の尾道などではない。あの尾道の有名な渡船場のシーン一つをとってみてもよい。そこに集まる様々な人々を人払いした上で、あの小津が撮った唯一のポイントで尾道の海を撮ることによってしか小津の尾道は表象しえない。もし小津がちょっとアングルを違えて撮れば、対岸にはもろに中小工場や小造船所(そこは尾道の坂の上の市民社会の人々とはまったく異質の、在日を含む多様な人々が生きる所だ)が、つまりこの国の現実が撮ってしまうのである。しかし、小津は現実を拒否する。小津のロケーションはこのようにすべて、小津がその理念によって切り採ったフィクションの町であり、小津の映画の街であるのだ——そして観る者も、その街がフィクションだとは思わない以上に、そう観たい街なのである。そして、吉田はこの作り手と観客との安易な共犯幻想を自明のこととすることに疑いを持つ。この差異を問うことから、「戦後的映画」は始まる。私はここでは、ただ映画の街とは映画が作為したフィクションの地であることを言いたいだけだ。その上で、吉田が『嵐を呼ぶ十八人』(それだけでなく、吉田作品の総てで)では、映画とその現場についての強い注目の上に、地政学的な意味での呉を最大限に必然のものとして映画に導入したことを言っておきたいのだ。

では呉とはどういう町か。戦前には海軍大本営が置かれた日本最大の「軍都」の一つであり、軍国日本の青少年の憧れ――クズとは対局にある――の海軍兵学校の地・江田島があり、この神聖不可侵の軍都はこの国の人々の心性に抑圧的な治政の地としてあり、その権力的な地は日本人の心性のなかで「美しく」あった。そして戦後はその海軍を引き継いだ形で海上自衛隊の中心基地であり続けている。この地はその戦略的必然性から、常に海外、特に東アジアと向かい合う。さらにこの軍港を中心に戦後は造船産業がほとんど無数と言って良いほどに簇生し――映画の風景には至る所にそれがある――海軍の兵站地としてあった戦前から出発し、戦後はそのまま造船業――この国の戦後復興の中心的担い手である――の町として変わることなくあり続けてきたのである。特に六〇年代初期には、世界的造船好況が日本の戦後経済を活況化していた。そして呉はその一つの拠点都市である。そうした意味で呉をロケーションの地として選ぶことは紛れもなく、軍都・造船都市・海外へと向かう都市としての内実を背負って映画のバックボーンとして――ストーリー上の直接的反映ではないが、映画全景のイメージに関わる――あることは明白なのであり、吉田はそのことに自覚的である。この軍都という呉の治政的空間に塗り込められた歴史と映画との対応ぬきに呉をロケーションの地にすることはできない。これまで日本の映画監督は、ただ単に自己の好みによってロケーションの地を選び、その地に込められてある歴史性にはまったく目を向けない独善的態度

――風景こそが政治性であることに思いいたることはなかった――を貫いたままに、その風景の脱政治的意味性だけを観客に強要し続けてきたのである。そして、この映画に登場するロケーションは絶対的にフィクションとしての風景であることを前提に、その風景が物語を構成するイメージとしてあることを決定的に意識した上にこの映画はある。風景をどう見、どう向き合うのか、ロケーションを前提とする映画にはそのことが問われる。

日本の侵すべからざる神聖な軍都の聖性とその最も対局にある社会のクズが、その聖なる軍都の中心・現在の重要産業――とは言え、大造船所ではなくその周縁にある小造船所である――の地でまったく偶然に出会い、混沌のままにどうでも良いように働くこと（資本主義の精神とは違って）、そしてそれらの総体に異物としてあることは、六〇年代と戦後日本（戦前から持続する）の歴史に抗する戦後的戦場の風景そのものではなかろうか。そしてまた、十八人が居住させられる丘の上のカマボコ兵舎の残骸の如き建物（映画美術によって設らえられた）は、まさにアメリカ軍の駐留跡をそのまま使ったものであり、戦後の風景そのもののなかに十八人は囲い込まれているのである。そしてその丘の上からはその真下に海が一望でき、そこには海上自衛隊の艦船が浮いており、その兵站の場としての造船所のクレーン群が、民家を圧倒しているのである。つまりこの映画の風景のすべては、紛れもなくこの国の〈ポスト戦後〉の風景なのであり、その戦後的風景の一切から拒絶されている余計者たる十八人の集団は、その存在性そのものによってその風景全体を異化し続けるのである。

そして決定的に、吉田が呉という町を意識的にロケーションとして選んだことを物語るシーンは偶然の風景のように見せながら、あくまで仕組まれたシーンとしてこの映画に三度出現する次のシーンによっている。すなわちそのシーンは、まったく統制された集団制を持たない十八人のバラバラな存在が、街のチンピラヤクザ——その中心にあの戦後を表象するロカビリアン、甘いマスクで知られる平尾昌晃が使われているのだが、当時、売れっ子歌手であったその平尾をある戦後的イメージ（平尾の歌はクズ共の愛唱歌だ）の一つとして登場させる。チンピラはこの町の嫌われ者だとしても、紛れもなく市民社会の一員としてあるのだ——、そのチンピラ集団との対抗のため十八人が街頭を駆けて行く向こうを、整然と隊列を組み行進する白い制服の海上自衛隊員とが交錯する光景には、戦後という擬制の時間のすべてが表象されてある。すなわち紛れもない整序された国家の自衛軍と、その国家の余計者との明確な対比が表象され、その戦後国家がこのクズ共を作り上げたことも映画は明確に提示する。このシーンは、この国の政治・経済・社会——その抑圧体制のなかに生きねばならない者の位相（流動だけが自由への道だ）の違い——を、呉という町の治政構造のなかに明確につかみ出し、表象する。この吉田の演出——映画という方法によってしか表象できない——は特筆に価する。

国家＝軍隊の対局には十八人の社会のクズがおり、その国家＝軍隊をオブラートで包み込んで、呉という軍都の平和愛好市民がいる。嵐を呼ぶ十八人によって異化された呉という町に、私たちが視ることができるのはなんともグロテスクな戦後日本とその現実なのである。鮎川信夫によれば、

「それがどんな時代なのかも分からないうちに、たちまちに過ぎ去った時間」である一瞬の間だけ虚構された夢の時間として、軍備なき平和国家という理念を想いながら、現実にはそのことを無化し軍事国家に向かったこの国の現実の風景が見事に暴露される――けれど、実は敗戦の瞬間からも一貫して米軍の軍事力によって我が「国体」は守られてきたのであり、その現実を虚構の理念によって忘れようとした厚顔無恥の空虚なこの国のなかで、吉田はただこの戦後の風景のなかを無目的に疾走する十八人を対置することを通して根底から問おうとする。この呉をめぐる風景の表象は実に吉田によるその映画的試行の一つの頂点である。

暴動の予感――余計者たちという生き方

呉という戦後日本そのものである町にタコ師（つまり悪徳手配師）によって送り込まれた十八人は、そこでタコ部屋としか言いえない米軍払い下げのカマボコ兵舎での共同生活を強いられる。タコ部屋は紛れもなく、飯場であり、寄せ場であり、少年鑑別所でもあるのだが、この監視施設こそは社会のクズと市民社会とを隔絶するための施設としてある。そして、この施設の管理総括者である社外工の若い男は、当然のことながら正義の指導者のイメージとはまったく違って、成長や自覚などという神話とは無縁にこの現実の中でその身体性を持て余している。十八人と一人の共同生活体は、なんらの統制も秩序も方向も具体的な成果も見出すことのないまま、この現実のなかで全員が生き惑う。

そこではただ仲間同士の罵倒と方向性を持たない怒りと殴り合いが繰り返され、苛めと脅し、そして酒とバクチの日々がうっ屈した想いを堆積し続ける。そして少しでも現金を手にすれば女買いとなるのであり、およそ健全な市民社会の真っ当な生き方とは、真逆のくらしが続くのである。勿論、ここには労働の喜びなどまったくないばかりか、当然のように美しい未来などない。ただギスギスした現在だけがあり、それでも男は働くことだけに十八人を向けようとはするのだ。しかし十八人は決してこの社会の自明のモラルの方は向かず、クズであるなかに、自らの位相と仲間の共同性とを見い出そうとする。働くことなど美しくはないし、この社会内に縛られるだけだ。労働は決して自由を得させることはない。そのことを確信的に、経験的に余計者たちは感知している。男はイラ立つ。この市民的モラルとかつての不良性との境界に宙吊り状態の男は、現実的には本工によるストライキが起これば、社外工でしかない男もまた十八人と同じように労働現場から放擲され、しかしスト破りを行うことも良しとしない生き方を選び、十八人どころではない。生きることに汲々とする日々はその恋人の眼からもまことにたよりない。

こうした日々に十八人は、街でチンピラたちと些細なことで衝突し殴り合いを起こし、警察沙汰を繰り返す。そして町の人々が愉しむハレの日である祭りの日には仕事にあぶれた——この日現場は休みであり、社員工は祭りを愉しむ——十八人は街をうろつき、チンピラたちと壮絶で無意味な衝突を起こす。ここには市民社会に寄生し、その周囲で生きるチンピラたちを含めた健全な市民のハレの日から排除され、その存在自体を無視されてある余計者、制外者としてある十八人の集団（そして若い男も）があり、その市民社会から排除された存在性が、市民社会と鮮やかに対照的に表象される。市民社会は余計者——そして日本国民以外の非日本人——を排除する。市民たちのこの無意識の差別と繰り返されるチンピラたちとの無意味な衝突の度に、名付けようのない怒りのマグマが十八人の不定形のエネルギーに堆積される。さらには仲間同士の苛めや諍い、つまりまったく働く者同士には似つかわしくないと思われる様々な出来事が出口なき桎梏となって身体性の裡に積み重なり、その不定形のエネルギーは堆積され続ける。それが暴動へと媒介されるのは、まさに名付けようのない怒りや市民の意識されざる辱しめが起点ともなる。

好況によってタコ部屋という監視施設に囲い込まれた十八人は、およそ半年後、造船不況——グローバル資本主義の動向と余計者の存在とは直線的に結びついている——がやって来れば、簡単に切り棄てられ、まさに社会のクズのように放り出される。この怒れる若者たちの実態は表面的には刹那を生きているだけだとしても、絶対的に資本主義構造と市民社会に取り込まれることのない怒れる身体性として、その裡に堆積される形容のできない暴力性のマグマは、この社会を覆う抑圧的構造を異化し、健全な市民社会、すなわちこの差別社会の異物となって生起し続け、名付けようのない〈暴動〉へと向けて疾走するだろう。

これまで、この国の「労働者」映画は、自明の観念の裡で、映画によって作られ続けた「労働者」というイメージを繰り返し描き続けてきた。しかし、この『嵐を呼ぶ十八人』は作為されたイメージでは視ることのできない無名の余計者の視えない情動を視ようとする。その怒りのマグマだけが暴動に結びつく。そして、暴動の時、その中心(余計者たち)となる者の周辺でその祭りを盛り上げる多様な者たちとして、この映画を彩る映画の周縁の人々が映画を豊かなものとしていることにも眼を向けておこう。祭りは実行者だけで盛り上がるものではないのだから。それがこの映画では、例えば旧来の図式では「悪徳」でしかないタコ師であり、そのタコ師をめぐる金と女とにまつわる人々、特にほとんど性を売りものとする女たち——その性意識はきわめて複雑である——なのである。タコ師である芦屋雁之助はもとより、そのタコ師のイロとなる三原葉子の存在など、こうしたバイプレイヤーのあり様(役の上の設定ではなく、役者の存在性が役の内実を生きたものとする)が、やがて起こるその祭りを盛り上げることを予感させる。このタコ師とタコ師をめぐる金と酒と女のありふれたドタバタゴッコは、今も変わることのない日本の社会構造の現実を重層的に浮上させる。このタコ師と酒場の女将のような人間の現実性こそが映画をより生彩あるものとする。こうした存在こそが、この映画を旧来の労働者映画とはまったく違った位相のものとしていることはもとより、こうした健全な社会の嫌われ者たちが——今は、十八人や男たちと憎み合っているとしても、彼らは近しいところで交流を繰り返している——祭りを盛り上げる者たちであることを映画は感じさせる。

いずれにしても、ここには暴動寸前の現実性が、この映画世界のぬきさしならぬ現実としてこの映画では表象されている。ここでは十八人と若い男とその恋人だけでなく、その周辺ですっからく、ちまちまと生きる彼らを取り巻くバイプレイヤーの存在によって、市民社会とはまったく異なる位相を持つ――バイプレイヤーもまた流動のなかにいる――非労働者たちのあり様全体が巨大な暴動への予感を秘めて――当然のことながら指導者も先導者もいない、徹底的にアナーキーな怒りの噴出――、今をのたうっている。この映画はその映画的視野の広さによって際立っている。

虚妄の民主主義――戦後教育という空虚

一方、この映画には戦後民主主義を体現したような女教師が登場し、戦後民主主義教育の理念によって怒れる若者たちを正しい労働者へと方向付けるために、あの若い男に様々な教訓を与える。例えば健全な心身のためのスポーツへの十八人の参加の促しや、労働の神聖さを教育することの必要性や、男の恋人が十八人の一人に犯された時に、為すすべもなくアタフタとする男に対して「女の現実」とはどういうものかを説教し、苦悩する恋人を救うことが男の存在理由だと主張したりと、戦後民主主義の理念の体現者として登場する。

その女教師は、若い男を十八人の臨視人に指名した、工場内の人間関係性を良く知る良心的工場係長の子供であり、その係長一家はその家族関係そのものが戦後民主主義的理念を反映したような一家であり、このギスギスした映画のなかではこの家族のシーンと彼女の言説と行動だけが、映画のなかの別時間と別空間であるように映るのだ。そして、戦後民主主義は、この現実世界とはまったく別次元のあり様であることが白々しく浮き上がる。まして、この戦後的理念が、余計者たる十八人に向き合うことなどないのだが、しかし、この奇妙な時間と空間とは現実から切断された浮遊する理念的言葉遊び以外ではなく、そこに現出する理念の一切がただ虚妄なのである。いくら民主主義的理念で十八人のあり様を民主主義的に方向づけようとしても、その理念はまったく上滑りするだけであり、ましてその十八人の存在それ自体が民主主義的理念の裡には存在していないのだから、民主主義の言説はまったく意味なく流れるだけである。教科書的に労働の神聖さを言いつのってみたとて、この市民主義の差別的体系の下で――市民主義社会を批判するのではなく――、その体制から放置された存在にとっては、労働そのもののあり方が彼らにとっては敵対的であるのであり、余計者そのものが教育体系の外に追放されてあるのだから、これらのシーンは実に空虚である。戦後民主主義教育の理念など、端から虚妄であることを身をもって示している存在がこの怒れる若者たちである。しかし、この女教師に象徴される戦後的知性は長い間、この国の映画の主流であったことも確かなのである。

そして、戦後民主主義教育の無残さを象徴するシーンとして女教師によって提案される、女子校生と十八人とのバレーボール試合がある。健全な心身性のために行われるスポーツ(戦後的理念)など、十八人にとってはただバレーボールの対戦相手が女子高生である故にのみ応じているのであり、スポーツの内実などどうでも良いことなのである。戦後民主主義的教育は一貫して、スポーツを健全なる精神は健全なる身体に宿るというイデオロギーとして、国民教育方法の中心として活用してきた。ここにあるのは敵を倒し、強者になることの強調であり、そのイデオロギーが戦後教育の根幹にあり、そのことは実は戦前から一貫しているのだ。しかし、十八人にとっては、相手が女子高生だから対戦に応じただけである。だから、このシーンに現出するバカバカしいなんとも白けたバレーボールシーンは、戦後教育への強烈なパロディであるのだ。

そして、このバカバカしいシーンを作り出した十八人への共感として、普段面白くもないスポーツを強制されている高校生が、この映画のラストシーンで、十八人をブラスバンドの演奏で見送るだろう。そして、こうした理念はまた、神聖な労働とあるべき労働者像というイメージを遵守するための装置としての教育体系であることに、戦後民主主義はいささかも眼を向けることなく、虚妄の理念だけを一人歩きさせてきた。教育とは神聖な労働と労働者というイメージを作り上げる装置である。

そしてまた、女性性に対しての一見民主主義的言説もまた滑稽で虚しい。この作り上げられた女性性の言説こそが、女性なるもの、男性なるものを規定し作為する。一見民主主義的である戦後教育の内実は、実は自明なるものを自明なままに流布するきわめて保守的な装置であり、この保守性こそが十八人——自らで不良であることを選んだ——の対局にある。そして戦後の良心的映画もその一翼を担ったのだ。

結婚──家族という制度

この世界と、反世界的存在である十八人の間に宙吊り状態である若い男は、同時にいかがわしい飲み屋を営む女──タコ師のイロでもある──の娘である勝ち気なノブ子という娘と相互にホレ合っているのだが、互いにそのことをどう表現していいか分からず、角突き合わせ、時に衝突しながらそれでもどうにか恋を成就したいと互いに思っている。おそらく娘が生来的に持つ生活感覚は、様々な状態のなかで男が挫けそうになる時存分に発揮され、男に方向性をもたらす。娘の一家はほとんど女という性を武器に、生活を切り盛りする母親が仕切っているのだが、娘はその母親の生き方を肯じえず、自らで自立的生き方を模索し続けている。おそらくこの一家はずっと、親と子とが互いに凭れ合って家族というこの体制の基底である制度制のなかに安住してきたのだが、娘はそのなかには新しい生のあり方などないことを知っていて、その家族制とその生を更新しようと望んでいる。

家族という制度とは別の地平に、娘は男との一対一の共同性を視つけようとしている。だからこそ、男の優柔不断さが娘にはゆるせない。男もそのことを分かっているのだが、どうしてもこの男を縛りつける現状の桎梏から飛び出してしまうことができないままだ。娘は家族という制度性が、二人の新しい関係性を築くために桎梏であることを良く判っている。そして実は男もそのことを感じているのだし、現に十八人を取り巻く家族環境――親は無言の裡に子に寄り掛かっている――においても余計者の上にそれが重くのしかかっており、十八人の足枷になっていて彼らを縛っている。そうしたことも知っている男は、しかし、彼の内なる境界を超えることを躊躇し続ける――これまでの総ての男性たちを縛ってきた習慣的・歴史的感性。

そんな時、カマボコ兵舎を訪れた娘は、多分（映画では断定もされないし、特定もされない「男」によって）、十八人の内の一人によってレイプされる。この金属ベッドの上のレイプシーンは小さな電灯の光と影の明滅の裡に揺れる手持ちカメラによって、娘の諸感情と歴史のなかにある男性性とが複雑に交錯し重層的な心象風景を表象する。その結果、娘は呉から離れ、ヒロシマへ逃避する。そして男とあの民主主義教師との会話がなされるのだが、男は、この呉という町から踏み出し、男のあり様そのものに「否」を表出した娘の、その行動性に照らして、自らを反省的に顧みて、男もヒロシマへと出立する。市内の繁華街を探し回った末に、ついに娘が広島球場にいることを知った男は、試合中の球場を隈なくさがし求める。それにしても広島を巡る映画はなぜ、広島市民球場を映し続けるのだろうか。なぜ広島を描くことと市民球場の野球とは繋がるのか。戦後「平和」社会の象徴としてスポーツはあり、市民の手でヒロシマの後に、その復興のために結成された（と言われる）「市民球場とカープ」は、戦前を忘れ、戦後の復興という幻想の一つの虚構化された現実の装置として、それはあるからなのだ。

そこに紛れこんだ娘を男はさがすのだが、観客のいる間は、そのことはかなわず、試合終了後、市民たちがまったくいなくなった——野球場ではなくなった巨大空間＝なにものでもない無の状況——、その空間で二人は再会するのだ。通常、試合が終わり、人々がいなくなったときには、灯りは消され、闇の空間になるのだが、あえて吉田はその闇の空間のなかで二人が出会う演出を行う。試合終了と共に娘と再会した男は、初めて「好き」であることを告げる。そして結婚式となるのだが、そこには男と娘とのどちらの家族も出席しない、二人だけの結び付きの確認として、式はあるのだが、この時、娘をレイプしたその当人も含めて十八人と、あの係長一家だけが雨の中の結婚式を祝うのである。十八人は、彼らがこれまでまったく知ることのなかったこの二人の関係性の構築——十八人にとってそれまで女は買う存在でしかなかった——を前に、十八人はこの新しい関係性にただ黙って頭を垂れる。一切の制度的家族制とは無縁に結ばれる、この二人の結合は多くの恋愛映画を凌駕して美しい。

そして、この映画は、ついに映画という表現様式の枠のなかでは芽の出ることのなかった、娘を演じた女優・香山美子にとっての記念すべき作品ともなっているのである。その溌剌とした美しさはノブ子という娘をある普遍的な女性像へと高めている。優れた映画は常にそこに登場する役者の可能性を拓く。同時に魅力的な役者の存在性は、優れた映画を開示する。この映画の作り出した世界の広大さは、香山美子の閉ざされていた可能性を引き出したのであり、その香山という女優の存在性は、この映画が単に社会のクズ共や、その十八人と生活する男だけの男性性だけの映画ではないことを表象する。そして香山という女優に導かれて、私たちは〈女性性〉について眼を拓くことになる。ジェンダーという問いのなかった六三年に、この映画はそのことをも問うている。

そして列車は驀進する

映画のラスト、呉を追われた十八人は、映画のファーストシーンを繰り返すように北九州へと流動を開始する。ただ今度は、来た時と違って高校生のブラスバンドによって祝われるかのように駅に到着し、実に確信的に十八人は列車に乗り込むのであり、乗車と同時にあの宴会が始まるのだ。その列車を、映画は空撮となって長く追いかける。本来、追放されるように呉を追われ、決して歓迎されるわけでもなく北九州へ向かう列車の空撮は、私たちの内なる辺境を突破し、境界性を保守しようとする私たちの保守性を超えて、流動するその生の輝きによってなんとも感動的なラストシーンとなっているのだ。カメラは名手・成島東一郎なのだが、全編白黒画面の輝きとその的確なショットによって活き活きと映画は躍動し、この〈反市民映画〉を圧倒的に豊かなものとしている。

そして現在、一人一人に決定的に分断された使い棄てられる若年労働者は、日々、スマホから一方的に流れて来る指令を受け（ここにはタコ師さえ介在しない）、分割された時間労働へと追いやられる。一方、強制されたわけではないのに自ら就活スーツなるものに身を包み、志願して就活といわれる作られた消費資本主義の熱狂に身を投じ、百時間を超える残業に喜々として身を捧げる若者たちの群れが、誰の目にもまったく疑われることもなく、人の生き方の多様な道と思い込まれ、その道を自らで選び、そのことが自明のことであるかのように強制労働のなかに生きようと自発的隷従の道を歩む、今日の労働と労働者の現実なのだ。

映画『嵐を呼ぶ十八人』(一九六三年、松竹大船作品)
製作・荒木正也
監督/脚本・吉田喜重
撮影・成島東一郎
美術・大角純一
音楽・林光
出演・早川保、香山美子、殿山泰司、平尾昌章、芦屋雁之助、根岸明美、浪花千栄子

第六章

戦後世界とポスト植民地主義戦争

社会派任侠映画のアポリア——『男の顔は履歴書』（監督・加藤泰）

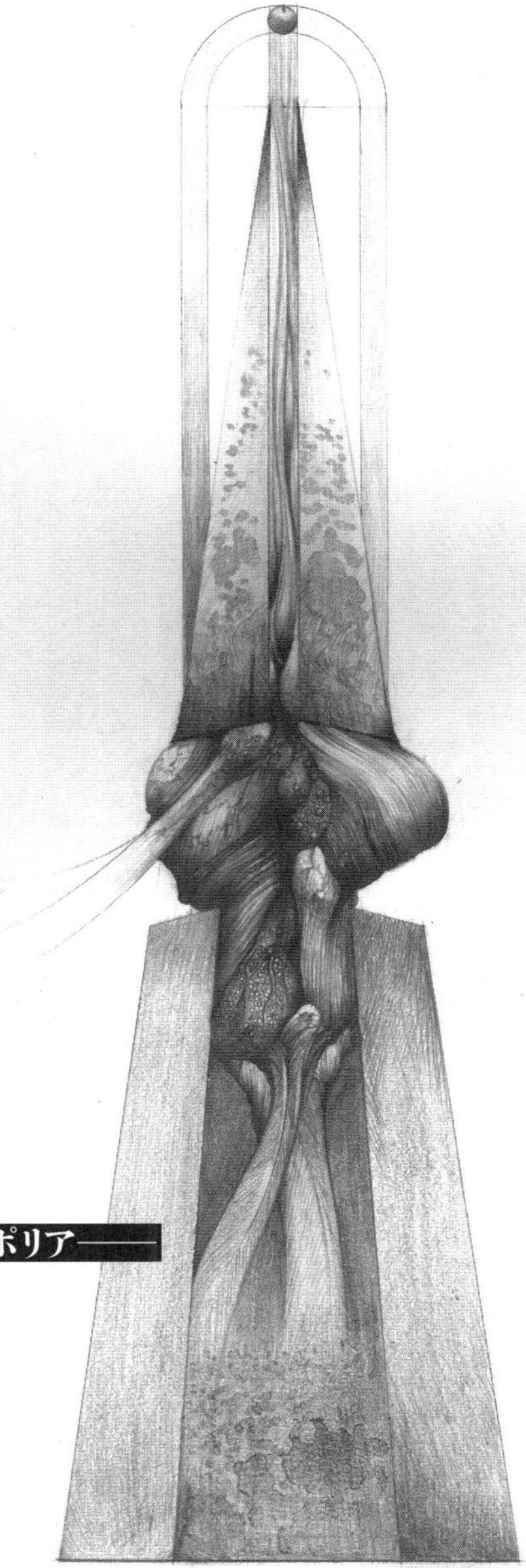

そして賢者は、法は人間が模倣によって作成したもので「自然な」ものでも、永続するものでもないことを知っていますが、大衆は法が「そこにあり」、変わらないために、自然で永続するものだと信じるようになります。こうした法は真理ではありませんが、たんなる習慣だけによるものでもありません。習慣は同意により、市民の合意により生まれるものです。

（ハンナ・アレント、J・コーン編「道徳哲学のいつくかの問題」『責任と判断』中山元訳）

「戦後」という時代

戦後日本映画（商業映画）のなかのタブーの一つであった「朝鮮問題」にある面――既成のイデオロギー内での、という限界はあるけれど――、正面から取り組んだ、一九六六年に松竹が作ったこの映画『男の顔は履歴書』は、確かに意欲作であると同時に、様々な問題性を内包した映画として私たちの前にあり、ここで提出された課題と問題とは映画的にもその後もまったく問われぬままになっているのである。監督・加藤泰はその著『加藤泰、映画を語る』のなかで、この映画を撮ることになった由来を次のように語っている。少し長くなるが引用しておく。

大正生まれの戦前派として、戦争のあの時期にも際会して、そして生きのび、今日に至っている。自分の好きな映画でメシを喰わしてもらっておる者の一人として、機会があれば、いろんなことを含めて、あの時期のことを映画にするチャンスを持ちたいものだ、とつねづね思っていたんです。で、松竹大船から、安藤昇というやくざあがりのタレントを使って映画をこしらえてくれないかという要請を受けたときに、素材として与えられたのが、星川清司という方が第一稿を書かれた『男の顔は履歴書』というシナリオだったんですね。これを読んでいると、いわゆる〝第三国人〟を真正面から取り上げているんですね。取り上げ方に不徹底があるかもしれんけれども、とにかく真正面から取り上げている。僕は飛び付いてやりましたよ。

ここには、何が不徹底で、なにが問題なのか、についての言及はないが、シナリオ段階での《三国人》問題への不充分さはあるが、という前提に立って、自身でもその後改稿を行い、かなりの意気込みでこの映画に挑んだことは読み取れる。そこでまず、この映画が、なぜ一九六六年に企画され、主に東映において活動していた加藤を松竹がわざわざ招いて作ったかを考えてみることとする。

この頃、ようやく、なんら疑われることなくあった、戦後日本、アプリオリに平和国家としてある平和状況、すなわち「戦後」という時代の虚妄な内実が、六〇年安保闘争を経て露呈し始め、この疑われることなく前提的にある戦後という時代への問いが生じ始めたことである。そして、その平和な「戦後」国家(戦争責任など問うことのない)の幻想を作り上げたイデオロギー装置として「映画」は一貫してあり続けていた。そして、ようやくそこには戦後という経験そのものの裡に課題が内包されているのではないかということに、特に一九六五年の「日韓条約」のきわめて政治的妥結によって、それまで喉の奥に刺さっていた棘のように感じられていた「朝鮮問題」に象徴される、戦前・戦後を一貫する「天皇制」国家と植民地侵略戦争の問題とが、この国の政治意志――日韓条約の妥結によって、日韓間の問題をすべて封印しようとした――、とは逆に問題が正面から浮上したことである。つまり、一片の賠償においてすべてが解決したかのような情況が作られるなかで、いったいこの国と私たちは、植民地朝鮮と朝鮮人に対し、どう向き合い、戦後の時間のなかでどうその関係性を改めたのかへの問いが生じ、戦後責任になんら答えようとしなかった平和日本の戦後への疑いが、この時代に至って、ようやく浮上したのである。その時代情況のなかに、この映画はあるのだと言えよう。

一方、たとえば大島渚は一九六四年「日韓条約」制定過程の渦中に『忘れられた皇軍』を作り、この条約そのものの問題点とともに「忘れられた朝鮮問題」の核心を鮮明に浮かび上がらせ、制度内に安住し、制度内的に映画を作ってきた者たち(私たち)に圧倒的に衝撃を与えた。それまで「電機紙芝居」でしかないと根拠もなくテレビ界に対し優越感を抱いてきた映画人にとって、そのテレビから放出された衝撃は大きかった。この三十分のドキュメンタリーが提出した、戦前・戦後を貫いて問われることなく放置されていた「昭和史」の内実を照射した、対象と自己とを視つめるその方法に多くの映画人が決定的に撃たれたことは確かである。ならば、この問題を大スクリーンでテレビよりも圧倒的に優る表現である(と、彼らは信じていたし、その後もその信念は変わることはない)、商業娯楽の主導たる映画においても、映画でしか表現できない「表現力」によって戦後そのものを問う映画を企画しようではないか。こうして生まれたのがこの映画であろう。しかしその内実は、監督本人がいっているようにきわめて不充分で、戦後日本の保守的体制が、政策的に作り出した「三国人」問題という枠内でのものでしかなかった。

さらに松竹では「戦後映画」を中心的に担って来た――小津安二郎・木下恵介・成瀬巳喜男などに代表される――、戦後日本の安定した平穏な日々を描くホームドラマ(その映画群は娯楽映画を牽引し、観客動員に関しても安定的に中心であった)に陰りが生じ、観客も急速に映画館から逃げ出す状況となり――一九六二年の小津の死は象徴的である――、戦後松竹映画的なドラマにおいては、この状況に対処できないことが明らかになるなかで、これまでとは違った企画が求められチャンバラ映画の衰退後にわずかに観客動員を回復しつつあるかに見えた東映の「ヤクザ任侠」映画を真似、さらに社会的意味をも加えた「アクション映画」が松竹においても実験的に模索されることとなる。つまり、この六〇年代は、全体的に持続していた全ての戦前的な思想・芸術・映画などソフト面での文化装置が、全体的な社会的変動構造のなかで大きく変容し、それまで誰もが自明の構造と思いこんでいた、芸術様式それ自体が問われ始めた時代だと言える。こうして加藤泰のこの映画は生まれるのだが、しかし、私にはこの意欲作がきわめて旧い、制度化されたイデオロギーの裡にあり、時代が要請する問題作であるけれども、その時代の枠組を突破して新しい展望を切り拓いているとはいえないものであると思う。その限りではきわめて転形期的な課題とスタイルを持ちつつも、その転形期を生きた映画であるとは言えないのだ。

そもそも加藤の映画における方法そのものが——きわめて特異な映画美学を成立させていたけれど——自明の映画という制度性を問うものではなく、むしろ既成の「映画」という枠のなかでの美学的達成の高さを求めるものであると言えよう。しかし、なぜ松竹は、加藤にこの問題に関する映画を依頼したのか。松竹のこの映画についての主たる狙いは「任侠ヤクザ」映画の様式的世界であり、その構造を映画とすることなのであったのではないか。それには、こうした映画の手練れた演出家である加藤を、ということではなかったか、ということではないか。

ただ、この作品においても加藤に独特の映像の美学(映画とはイデオロギーではなく、イメージによって成るものである)は発揮され、彼の信じる不変の思想を凌駕して紛れもなく優れた、映画である加藤の独特な「映像世界」はある面現出しているのだ。加藤が東映で撮っていたヤクザ任侠映画の世界では、加藤の言う「仁情」や「情愛」や女と男の「情感」といった一種の不変のイデオロギーはその映像世界とミックスしてまったく独自な映画的な美的高みを作り出し、このことはなんら問題とはならないのだが、しかし、こと「第三国人」映画においては、こうした加藤の信ずる信条＝イデオロギーたる不変の摂理という前提は、情況の裡で反省的に問われることなく、映画の根幹に据えられることによって、その加藤の映像世界を逆にくもらせる。しかし私は、この加藤の旧いイデオロギーを剔抉しなければと思いつつ、その映像世界にはやはり注目しておきたいと思う。ではここで加藤の「映画美学」について確認しておこう。

加藤泰の映像

それは名作と言われる、例えば『三代目襲名』のファーストカットから、二代目組長（嵐寛十郎。この『男の顔は履歴書』でも古い侠客は彼によって演じられる）が、庶民の愉しみの祭りの場でテロリストによって刺されながら、その場を楽しむ者を混乱させないように無言の裡に立ち続けるまでの冒頭のシーンなどは、まさに「映画」でしか表象できない――暗殺者・刺傷される二代目、群衆それぞれに、その位相が表出するその身体的細部（眼、足元など）の映像と状況と凶刃などのイメージが祭りという状況＝背景を切り捨てた平面的構図のなかに見事に積み重ねられ――「映画」という表現様式のある極地を表出したまったく見事なシーンであり、ここには二代目抹消を図る他のヤクザ組織の思惑（それは映画の進行によって判る）などといったストーリー上の展開などとはまったく別な、ただ映画＝映像だけが絶対的に屹立していて、どんな思想とも無縁な映像美の境地に達しており、まさに映画そのものに向き会うことが可能となる。ここには映画という様式の、レンズの眼を通しての表現手法を駆使した、ただ感嘆するしかない独自な映画美世界があるのだ。ここには台詞などない。レンズが作り出した人間の細部を捉えた、切りとられた身体とカメラの運動と祭りに集中する群衆と、この悲劇とまったく無縁に生きる暗殺者の暗い殺意という情動とそうした人々の目に見えぬ関係性とが、短いショットの積み重ねの上に組み立てられ、ストーリーではなく人と状況の断片だけがある。だからここには、ヤクザ社会の当然の判ったような自明の精神の説明など一切なく、ただ現実だけがあるのだ。それは親分が黒を白と言ったらどんな時にも子分は白と言い続けねばならないと言うヤクザ社会を規定する言説、結局それは「天皇絶対主義」へと繋がる制度的言説なのだが、そうしたイデオロギーなど、ここにはない。あるのはただ、異様な殺気を内蔵する狂的人間が、祭りの場を利用しつつ男を刺す、という現実だけであり、この映画的現実こそが一つの映画世界として観る者を感嘆させる――ここに浮上する映像世界は、敵対する「組」の司令によって二代目組長の暗殺へと向かうテロリストのそうした背景事情など関係なく、ただテロルへと向かうその暗殺者のテロリストの悲しき心情のみが、敵を暗殺するという行為性としてのみ浮上する。そして、この行為性は関係的意味性とはまったく無縁にイメージとして屹立している。だから美しい。

私は、このシーンなどは、日本映画が生成した最高の映画的達成点として、加藤泰という監督の技量を評価したいと思う。さらにこのテロリストこそは、この映画の「映画」性を成立させている要素として、「汐路章」という役者、多くの人には注目されることのないその存在性があって、この見事な「映画」性が現出していることを言っておきたい――加藤映画にとっての汐路章の重さは、その美学そのものを支えると同時に加藤の「映像」そのものを生み出しているのだとも言える(演出者と役者という関係性)。だからこの『男の顔は履歴書』にその汐路がいたとするならこの映画で表象された「三国人」というイデオロギー言説とは違った、ある別な存在性を生成したかも知れず、役者の存在性の意味には無視することができないものがあることを改めて思った。

こうした映画イメージの見事さは『男の顔は履歴書』においては残念ながら少ないのだけれど――この映画のテーマに多くの関心を抱く加藤は、主題的に追求すべきことの少ない『三代目襲名』において、より映像美の追求に向かい、この映画では映像美の追求よりも彼のテーマへの関心が高かったのだと言うべきか――、しかし例えば、暗黒のなかのタイトルが終わったファーストシーンなどは、私はやはり加藤ならではのものを感じる。それほどにこのファーストカットは紛れもなく「映画」であり、独自な映像的達成を見せている。

つまり、焦点深度の浅い(望遠レンズを使っての)画面の遠景に建設中(高度経済成長社会)のビル工事現場があり(その音の効果的な使用を含め)、そのレンズのフォーカスを移動させ、そのボケた背景の中景に看護婦が、この映画の主人公の位相を語りながら主人公安藤昇(男)に近づいて来て、さらにフォーカスを移動し、前景にあるその男の片面のアップ(沈黙したままに、男の履歴としてのそのニヒルな表情)が、そのフイックスでのカメラによって焦点深度の浅さを効果的に使って、一つの世界(復興した日本資本主義)のなかに展開されることで、この映画の現在時の人間たちそれぞれのあり様が見事に表象されてある。そしてたたみ込むように交通事件で運ばれて来る意識不明の男があり（そして昔の女もその男に伴って登場する）、男（安藤）はその交通事件の被害者の顔（履歴）から十数年前の日本の敗戦時の回想（闇市戦争）へと入って行くのであり、この見事な導入部は紛れもなく加藤に独自な映像世界を展開している。さらに言うなら、この冒頭シーンは、敗戦直後の「三国人」との戦争のなかで、男と「日本人」の団結と戦う意志によって守られた「闇市マーケット」が、その後の日本資本による経済成長という経済戦争の「資本力」（まさに力だ）の勃興（暴力）によって、誰にも抵抗されることなく、「日本人」の街が潰されて行く現実が実に象徴的に描き出されている――かつての三国人との戦争を経過して守られてきたかに見える街は、まさに日本資本の〈力〉によって粉砕され、新しい整序された街に生まれ変わる。その情景としての「日本資本」の勝利の歴史は、あの戦争、すなわち第二次大戦と戦後の闇市抗争と民衆の関係性の陰画でもある。わずか一分ほどのこのシーンは、この数カットだけで、加藤の無念の想いを表象する。しかし、男は沈黙している。男は一貫して寡黙な男を演じ続ける。つまりこの見事な加藤美学が紡ぎ出した、日本の戦争・戦後状況の表象は、残念なことに映画全体を貫くイデオロギー、旧い制度内的思考によって、そのイデオロギーの裡に包摂され消化されてしまう、そのことこそが問題であるのだ。これほど明確に浮かび上げられた課題が、旧いこの世界を履う自明の思考様式によって結局、この現状＝体制を守ることになり、そして最後には自らの責任を回避し、この国の反省なき戦後責任と戦後体制とを追認してしまうのである。

「三国人」問題とは何か　顔の表象というアポリア

そもそも、端からこの映画を成り立たせている朝鮮・中国系の人々＝「三国人」という、おそらく戦後に捏造された——表面的には五族共和の大東亜共栄圏を模索した日本が、大戦以前にそのことを言うはずもなく、この言葉はアメリカ占領軍の軍事支配下に生まれた、敗残者の被害者意識を反転させた空疎な自己意識の言葉であり、きわめて負の歴史性を負う——、その蔑視名称が映画のなかでいやというほどに繰り返し発せられると、それだけでこの映画が内包する問題性は、自ずと表出する。つまり映画で何度も発せられる三国人という言葉は、結局発語のための発語でしかないのではないか。私は「三国人」という敗戦直後以来使われ続けた蔑視語を、使うべきではない、と言っているのではない。ある歴史的な文脈において、そうでしかない情況において、その必然性のなかで使うべきであり、逆になんの理由もなしに、制度的理由を忖度することによって封印してしまうことなども、あってはならないと思う。そうではなく、この言葉が発せられる情況を直視してその情況と言葉との関係を問うのではなく、ただその「三国人」という言葉だけを発することを目的に、この言葉だけを言うことそのものが問題だと思うのだ。呪文の如くその言葉を繰り返すことで、この情況（差別的な日本の情況）を表出しようとする使用者の安易な手法として発せられる「三国人」という発語が、その結果、よりこの差別情況を倍化していることを言いたいのだ。言葉だけが一人歩きし、何度も繰り返されることで言葉は一人立ちし、やがてこのヘイト表現そのものは、言葉のテロリズムと化すことに、この映画は充分自覚的であるとは言い難い。発せられる三国人という言葉のテロリズムに、どう批評軸を映画的に作り出すのか。このことは「三国人」という言葉を使うたびに、思考されねばならない。それが映画の運動性である。そうでないとその後の石原慎太郎の発言――石原は差別的に意図して使用し、意識的に朝鮮・韓国と中国人を蔑視し、その上で敵対的に対応しようとした――と直結することになる。

その意味で言葉を超え、直接感性に訴えるイメージとしての「顔」をどう見、どう表象するかは大きい問題であった。この映画が、おそらく無意識の裡に――それまでの映画的慣例手法に倣って――表象した「三国人」イメージこそ、無意識なるがゆえに大きな問題なのだ。この顔の表象こそは、前提的に朝鮮人(三国人)イメージを形成する。だいたいこの対立する日本＝闇市マーケット派とそのマーケットを乗っとろうとする朝鮮人(三国人)反マーケット派＝九六同盟(暴力団)のそれぞれを演ずる顔ぶれと「顔」のあり様の作為された差異はなんであろうか。アプリオリに悪顔の三国人。メーキャップの問題性を含めて、その顔の描き方の無惨さは、映画の良心的・良識的思想をはるかに超えて、端から両者を区分けし、別々の生物的な顔の違いとして設定されている。例えば、好漢・内田良平がどんな悪顔に変身するのか。映画の小さなテクニックの有する詐術は大きな問題を作り出す。映画は顔を作る――つまり、無意識に顔に表出する履歴性を改竄する。ヤクザ(悪役)顔をした役者を集め、メーキャップでその顔立ちを強化するという安易な映画界内的方法で、観客に直感的にこの存在は悪だと思わせる。この時、日本人(=役者)はどこまでも無垢で誠実な人々であり、つまり普通の平凡な——そのことがどんな内実を持つことかは問われることはないが——人間であり、それに対し三国人たちは、ただただ悪役顔をしているのであり、その存在それ自体が悪なのである。一方、平凡な普通の日本国民=市民が天皇帝国主義戦争の時代には狂喜して植民地侵略の先兵として、侵略地住民を虐殺したのだが、敗戦と共にそのことをまったく忘れさり、戦後は平凡な市民となって、今度は被害者顔をして登場し、「敵」である三国人に平凡な仮面をまとって向き合うのである。このアプリオリの区分けによって、この映画はなにを表象し、なにをどう描こうとしているかが判るのである。この日本人と三国人の対称的な顔の表象は、昨日までの、無辜の日本人と鬼畜米英の対比の図式をそのまま戦後的に塗り変えた、日本的思考様式の無惨でグロテクな現状認識情況そのものでしかない。そして、この国に遍在する習慣化した安易な表象が戦後日本の三国人像を形成し、今日に至っていることは言っておかねばならない。日本人=善、三国人(朝鮮人)=悪という図式(顔という履歴書の映画的表象はなんと安易で、それゆえきわめて問題が大きい)は、この映画の全景を覆い、予め、人間存在への、あるイデオロギー的決定を行うことによって、観客の持つ、自明のナショナリズム的感性に乗ったままに、映画のすべてを決定する。

ここには同時に映画という表現様式自体のアポリアも自ずと現われている。すなわち、小さなイメージ(ではなく大きな問題なのだが)それ自体は、巨大なイデオロギー装置へと転換しうるのであり、実は映画の歴史とはその繰り返しであったのだ。自明のこととして疑われることもなく作為されたステロタイプ化された「顔」の表象は、日本人の三国人イメージを形成し、確固とした無意識のイデオロギー装置となるのである。

ここには意図的なヘイトスピーチがあるわけではない。しかし、それ以上に正体不明の悪の三国人像が作り上げた――この映画の作り手たちをも含め――、そのイメージは日本人の心性を呪縛する。ここでは加藤の信ずる「人間は平等である」という信念とは、まったく別に加藤が作るイメージ(顔の表象)――これまでの映画表象の歴史を繰り返すステロタイプ化した――によって、明らかに差別が生み出され「民族の違い」を越えることのない、逆に自民族(日本人)の特別性を浮き上がらせるように機能する。

おそらく、このような映像の機能を超えるためには、映画そのものの批判、少なくとも映画を疑うことが必要なのだ。

そもそも戦後における「三国人」問題とは、何か。当然なことに、このことは原因とその背景があるはずだ。「三国人」という戦後に生まれた(捏造された)言葉と、その三国人によって引き起こされたとする、闇市での多くの「暴力事件」は、なぜどのようにして起こったのか。これまでこの国の映画(マスコミ界のすべての言説)が描く、こうした暴力事件は、まったく自明のものとして起こっていて、そのことはなんの疑いもないことであり、なぜどんな原因によって起こったかなどということは誰も問わない。あたかも自然的発生のように、それは日常的に「起こった」ことなのだと、私たちは思いこんでいた。そしてこれまでの総ての日本映画の三国人問題表象は、そうだった。ここには、このことの内実は問われないことにするという、暗黙の了解があり、そのことはなぜか自明の前提となってきた。

このことの主たる背景には、紛れもなく日本側の内情、すなわち敗戦と建前上の民主国家への転身、一瞬のうちに変身し、そのことで持続した、それゆえ、危機的な現状にある敗戦後の「国体護持」のためであり、日本の天皇制はそのための防衛策として様々な試行を行っていて、この三国人問題もまたそのために意図的に使われる。一方、米軍と米国にとっては東南アジアにおける不安定要素〈共産中国の伸延と、朝鮮国家の民主化要求〉、つまりアジアの民衆運動の活発化への恐怖とその対応策の必要性がある。そしてこの二つの反民衆運動が米＝日体制によって同じ方向をとって一つの運動――すなわち反三国人運動――として現出したのが、この対三国人対応としての〈反民衆運動〉である。日本国内に現象したポスト植民地問題としての二つの危機情況を突破するための米日共同体制は、相反する危機内実を三国人の暴力状況と扇動することによって、日本側には「日本と日本人」を守るという天皇主義右翼の建前を用意し、その右翼と暴力三国人〈米国は建前上、同じ戦勝国を貶める訳にはゆかない〉とを対峙させ、一気に問題を解決しようとしたところに、このいわゆる「三国人」問題は浮上する。そして日本＝善、三国人＝悪という図式が建前となってポスト植民地戦争を領導し、それを乗り切ることによって、戦後日本の「新生天皇制」は安定し、同時にアジア民衆の変革のエネルギーは抑圧されることとなる。そして以後、日本における三国人という映画表象はこの図式を守り続ける。この日本とアメリカにもともと潜在的にあった朝鮮人への差別意識と、その裏返しの恐怖心（関東大震災での朝鮮人虐殺を始めとする異常反応に見られる）、日本人の朝鮮人への故なき蔑視とそれ故の強い恐怖心は、それが敗戦時という状況の下である種のショックドクトリン（N・クライン）として発現し、その危機的雰囲気のなかでの異常反応がナショナリスト的体質を持つ戦争体験者によって、意図的に国体護持のマヌーバーとして発動されることによって、そうしたナショナリストの先行きの見えない戦後体制への不安心情を削ぎ、彼らにフラストレーションの解消の捌け口を与えたのだ。つまり、ポスト植民地情況での三国人抹殺行動である。ポスト植民地情況においてこそ、植民地主義者の心性は表面化する。国体の安定を図る戦後的体制はこの巧妙な戦術によって、問題を自己に向かうことを回避し、無化する。同時に米占領軍は、表面的には戦勝国たる日本の侵略地の内部に潜在する危機要素たる、アジアの民衆運動を抑圧するために、日本の体制右翼運動を動員することによって——そのことは米軍のアジアにおけるその地位の安定を作る——、その発生源そのものを抑え込むことを図る。このきわめて構造的な日本国内におけるポスト植民地主義的な日＝米の行動として、この作為された三国人問題があったことは確かだろう。

　このショックドクトリンの方法は、やがて、たとえばインドネシアでのスハルトとＣＩＡの運動に絡がるだろう。この時、確かに米軍は日本の戦後天皇制と取引し、天皇制日本の治安情況の安定を図り、混乱から体制を守り、そのことをもって完全なる米軍統治を問題なく行うことを図ったのだ——そこで先兵となったのが、日本の海外戦地帰りのナショナリストを中心とする若い心情的ナショナリストであり、ここに出現した構図は、昨日までの鬼畜米英へと向かう先兵たちによるその心情を「反日」情況への対峙、つまり「日本」を守れという運動に特化し、その運動に集中することによって、反米英感情から反転させた上で、米軍の先兵としてのアジア侵略と同じ位相を持つ大東亜戦への再戦であるのだ。というより、戦前の植民地抑圧者の心情をそのまま活用した、故なき優越感を前提に、それまで「顔」を見ることさえなかった者たちへの植民地心情の捌け口としての「顔」への暴力行動である。そしてこのことは国体の護持というこの国の戦前＝戦後体制の意志と一体のものである。ここには、海外侵略行動を対米アジア解放戦争という図式によって行ってきた若者たちが、この国に帰った時、この国には職もなく、行き場もなく、絶対の存在としての米軍と天皇との訳のわからぬ密着情況があり、そして労働力として連行してきた(そんなことは誰も敗戦以前は考えていないが)、それまで彼らの眼に入ることのなかった三国人が目立つ都市光景があり、そのことを前に、なにか割り切れぬ言いしれぬ不信と不安とを侵略戦争帰りの若い兵士が、持たないわけがないだろう。特に、それまで彼ら若者たち——天皇と侵略地だけを視ていた——が視ようとしなかったアジアの民衆が突然にあふれかえり、表面的には勝利者として現れた時、ナショナリストの若者たちにとっては最も身近な「敵」としてアジアの人たちが見えたことはある面当然のことかも知れない。そしてその危機を戦後天皇制国家の安定のために転回させようとすること、新しい戦後的戦争状況を作り出すことは、日本とアメリカにとって、どこも傷つくことなく問題点を剔抉する最良のマヌーバーであったのだ。アジアの共産化を抑えこもうとする米軍と天皇体制の下に、その米軍との歩みを強化せんとするポスト植民地主義的ショックドクトリン、すなわち「三国人」との戦争という情況を作り出す方向——ナショナリスト青年たちは自らの場所とアイデンティティをそこに見出し、その戦果の上に、戦後日本のなかに一応の地位を確保する——のなかに、戦争と敗戦のなかで自己を見失ったかに見えた者は自らの場所を見出した。

だから断定的に「三国人」をアジアの悪と決めつけ、その不逞の輩が闇市を乗っとる悪の運動に対して「正義」の日本人が止むに止まれぬ闘争を行うという、なにやらイラク戦争の図式さえ先取りしたこの映画的関係図式はなんとも判りやすく、かつ疑わしいものだ。しかし、戦争へと至るスローガンは単純で判りやすい方が良いのだ。本来、日本国家へと向けるべき自己の解決しえない心情をアジアの民衆への優越感を根拠に、反三国人闘争として噴出させる日本人のナショナリズム的感性を突出させ武装闘争として日本人によって現出させたのが、戦後の闇市戦争なのである。けれどこの時、我が左翼もまた、植民地なきポスト植民地情況としてのこの国のその歴史と現実を見ることはなく、朝鮮・中国(三国人と言っても良い)の闘う民衆に眼を向け、ポスト植民地主義への共同闘争を試行することはなかったし——あったとしても、日本のための利用とそのための政治的操作主義でしかない——、むしろナショナリスト同様に反三国人行動さえとったことは確かなのだ。日本の戦後左翼運動の体質は、戦前のその体質を引き継ぎ、民族主義と天皇制的暴力的絶対主義にのみ呪縛されていた。そして、この米軍と天皇制日本に後押しされた右翼ナショナリストの反アジア的民衆言説と武力行動を黙認したのだ。

その後一貫して、この国の映画は、この敗戦後の日本の再統合施策と方向を切開するのではなく、そのポスト植民地主義的思考に同調し、その戦後ナショナリズム体制を翼賛し続けてきた。そしてようやく敗戦後史が問い返されるなかで――「日韓条約」の改定(ここには日・朝間問題は含まれない)がなされるなか――、この映画に典型的に具現化されるような映画が作られることとなったのだ。しかしここにあるのは、この国が慣習的に持ち続けてきた既成の歴史意識の上に立った、相い も変わらない日本ナショナリズムの謳い上げであるだろう。勿論、加藤個人は私的にこのことに対する疑問を持っていることは判るのだが、結局、習慣化された映画的方法のなかでしか思考しえなかったゆえに、日本映画の慣習的表象を、彼もまた繰り返すことになったのだ。そして、今こそこのことの問題性を「戦争」(あの八月十五日で全て終わったとする制度的思想)の歴史の内実のなかに切開し、その戦後史のなかのポスト植民地主義の経験を見直すことの上に、映画の運動を始動せねばならない。良心的で安易なスローガンを繰り返す――殺し合いはあの戦争だけでたくさんであり、民族対立の遺恨を超えなければならない、といった――ことで、このポスト植民地問題に一石を投じたかのように思い込む枯渇した、旧態依然の思考が、この国の体制的思考の思考様式であることに気づかねばならない。殺し合いはもうたくさん、民族の和解を、などという一見正統で現実のなかに横行する制度的言説を歴史的・社会的文脈のなかで見直し、この制度的思考をどう解体するのか、それを映画は問わねばならない。

私はここで、この映画を形成する戦後天皇制民主主義を前提とする日本ナショナリズムの思考様式の典型として、この映画を批判してはいるが、何度も言うようにこれは加藤泰だけの、そしてこの映画だけの問題ではないのだ。そうではなく、この国の多くの映画が内包する思考様式を改めて問い直すことを提起しておきたいのだ。私はこの『男の顔は履歴書』をそれでもなお、この国の商業映画において、これほど正面から「朝鮮」問題を取り上げたものとして評価する。そして同時に、この映画が内包する問題を正面から練り上げる「批評」が現われなかったことも問われねばならないと思う。その上でこの二十一世紀に入って朝鮮・韓国・中国をめぐっての信じられぬヘイトスピーチ行動が大手を振って徘徊している情況のなか、根源的(歴史的・社会的)にこのナショナリズムとそのなかで生ずる一切の排除主義との全体的な剔抉を行う映画の提唱を行う必要を改めて提起したい。

私は加藤泰が優れた「映画芸術家」であり、彼の「映画」は紛れもなく、映画そのものの優れた表象であることを疑うものではない。しかしながら、彼の映画は同時に彼の言う「ヒューマニズム」「人情」「情愛」などというイデオロギー——勿論彼はその概念がイデオロギーなどではなく「万古不変」(加藤の言葉)の真理だと信じている——が、映画という物語のなかで、情況をぬきに決定的に立ち上がってくることに関してのみ、彼の疑うことなく信じる真理も、歴史的社会的なものであるのだ、と言うしかない。そして加藤の映画という物語にとって、そうした「意味」性こそが問題なのだ、と思うのだ。少しこのことを別な角度から見てみよう。

監督・加藤の美学

この加藤と、ある面、その「映像美」において並び論じられる一人である、たとえば鈴木清順においては、圧倒的にイデオロギーなど、鈴木自身が信じておらず、彼はただ「映画」的表象のみを彼の映画そのものとしている、そうした映像芸術家なのだと言っておきたい。鈴木のニヒリズム——映画の物語におけるイデオロギー的なものを一切信じない、映画は「遊戯」でしかないという映画性——は、だから絶対的に安易なストーリー性を許容しない。そこにあるのは映画のためのエピソードであり、映像の流れのみがあるのである(ストーリー、そんなものを鈴木は必要としないし、必要としないのが映画なのだ)。鈴木の世界にあるのはただ「映画」そのものだけだ——つまり映像だけの美世界の追求——し、そのことを彼は追求し続ける。ここには安易なヒューマニズムも人情も、さらには「日本人」を感動させるナショナリズムもない。あるのは鈴木が紡ぎ出したイメージだけであり、このなにもない時空こそが鈴木清順の映画なのだ。そもそも鈴木は「映画」など信じてはいない。だから、たとえば『けんかえれじい』のラストで北一輝が出たの、出ないの、などという評言の世界と鈴木の映画はまったく異質なのだ。ここにあるのは若者が会津から都会へと出発したのだ、ということだけなのであり——このことがまさに映画なのだ——、彼の世界には

「意味」などない、ただの映像だけの世界なのだ。

それに対し、加藤はどんな優れた「映画世界」を作り出しても、やはり自己の真理と思い込むイデオロギー世界を前提とし、その世界から離れることはない。加藤は「映画」でなにかができると信じている。鈴木のそれとの違いは大きいのだ。もう一度『男の顔は履歴書』に立ち返って加藤の世界を見てみたい。

加藤泰と脚本の星川清司が、いかにヒューマニズムの観念を動員して日本＝朝鮮という枠を越えた「美しい、差別も戦争もない世界」を浮上させようとしても、そこには朝鮮人全体への歴史的にある差別と否定と侵略の歴史の裏返しがあるだけだ。我が敬愛する監督加藤泰（何度も言うことになるが、しかし、このことは彼一人の問題ではなく、私たち「日本人」すべての問題である）の信条とする、人情、そして女と男の情愛の不変性などが、加藤映画の裡では実は社会的歴史的現実のなかで問われたそれではなく、きわめて中途半端な観念的な、彼にとっての前提的な概念以外ではないことは、残念ながら映画そのものに表象されている。この映画ではその不変の真理——人間は平等である——を、その表象そのものが裏切って、イデオロギーとして表象される。特に「顔」の表象。この映画で現出される「顔」が表象する世界は、なによりも既成の私たちが思いこんでいる自明のイデオロギー性を再生産し、拡大する。人間は平等なのではなく、この映画に「塊」として登場する朝鮮人は、なにか私たちの知らぬ別種の得体の知れぬ人間として表象され、結果としてある意味を付加され作為された（本来のものでない）それとなって、観る者の前に確固とした存在となってあることになるのである。様々な「顔」相を持った顔のあり様のなかには、本来日本人と朝鮮人との差異はなく、一人一人の人間の顔があるだけのはずなのだ。ただ朝鮮人でしかないそれぞれ固有の顔であるはずなのに、しかし、映画が描き出す朝鮮人はなにか異様な顔相を持つ、得体のしれぬものとして現出し、三国人は恐ろしいものであり、悪なのだという無言の区分け表象のなかに、この「顔」ぶれとその「顔」のあり様(作為された)に、この映画の内実は表象されてある。

そして女と男の情愛の万古不変の理なども、ただ男は女を変わらず愛し、女は男につき従うというなんとも言いようのない旧来のモラルでしかない、と言うしかないではないか。愛が不変であることは、その男女の社会的・歴史的関係性は捨象された、抽象的な関係性を前提とした思い込みなのであり、不変の情愛こそが、実はこの社会の制度性に規定された関係性そのものであり、その自明とされる観念そのものが、この社会に規定された関係性を保守し、さらにそのイデオロギー性の持つ機能を無化してしまうイデオロギー装置なのだと言うしかない。特に〈性〉を媒介とする関係性の歪んだあり様とは結局、その関係性を、寡黙な男らしさなどという、ヤクザ映画にお定まりの言説などによって覆いつくし、映画全体を旧い任侠映画的関係性の裡に、なんら疑うこともなく表象することになる。そして大衆映画は、この既製の決まり事のなかで安住し、そのことを疑うことはない。そのことを、この映画を貫く女と男との関係性において見ておこう。

ポスト植民地主義の「情愛」

主人公たる「男」は、一貫して女に関心を向けていない風を装いながら、女をただ〈性〉の捌け口としか考えてはいない。現在時においても、そして過去の敗戦後の闇市戦争のなかでも。そしてここに登場する男の相手である二人の女は男のセックス相手でしかない。その二人の女との関係性の先には、実は侵略戦争時の戦地での女性関係が色濃く反映する。そこでは女は性欲動の捌け口以外ではない。ここにあるのは一貫して男(安藤)に象徴される抑圧的で一方的な〈性〉――女へと一方的に向き合う姿勢に見せる、セックスの対象としか、その存在を思わない――のあり様は、彼の内部においては彼自身でも解釈出来ないままに問われぬトラウマとしてあり、その結果としての性関係は、したがってただ惰性的な性関係の持続として日常的に積み重ねられるだけの、なんとも後暗い暗うつなシーンとなって現象する。この関係性に男は不自然なものを感じつつも、自分自身どうすることも出来ず、ただ身勝手な理由でダラダラと性関係を続けるのだ。だから女にそのこと(二人の関係をどうするのか)を問われても、答えようがなく沈黙のまま自分をごまかし続ける。映画はこの性関係について、そういうものであるように日常行為として描き続け、結局、男女の情愛など空中を浮遊したままにあり、真に男女の情愛とはどういうことかが問われることはない。ポスト植民地主義は、こうして〈性〉関係性にまで及ぶ。そして、このことを見詰めた日本映画はこれまでない。本来〈闇市映画〉の内実のなかには、こうした問題も含まれるはずなのに。人間には自然性がないように、男にも女にも自然性などない。社会的な存在性に規定された男性性と女性性があるだけだ。この男に見られる「男らしさ」など、歴史的社会的な偶然の産物なのだ。

一方で、この男の性関係とは別に、彼の弟の単純な右翼純情ナショナリストと日本で生まれ育った、一心に、日本人と朝鮮人の一体を望む朝鮮人少女との関係においては、ただただ美しくその関係性は美的に完結されてあり、この男の抑圧的な性意識をその純粋性(?)で無化してしまうかのように若者たちの関係性は、美しすぎる世界へと昇華される。ここで描かれる男女の関係世界は総て、観念的で現実の情況を無視するなかにある。

しかし、この男の一方的で抑圧的な〈性〉意識の背後には——映画はそのことをまったく問わないが——日本軍の中国を始めとする侵略地での、現地の女たちへの性的凌辱記憶があることをにおわせながらも、映画はそれ以上に問い直すことはない。まして占領地朝鮮の女においては、日本軍は若い女たちを常に戦地での慰安婦として扱った。そして男もその日本軍兵士であった。戦地では、日本兵は女たちをその性的不満の解消のために、ただ凌辱し続け、一方的に加虐的な性暴行を加えたのであり、その記憶を持つ男は、女性に対しただ抑圧的な性関係を持つことしか出来なくなっている。このことは、戦地での後遺症というより、その習慣の行動が彼の現状行動を規定している一種のトラウマ——女はセックスの対象以外ではない——となって現出している証左であろう。女を無意識のうちに〈物〉としか捉えられず、自己の性的満足のための捌け口、性の手段としか扱わぬ、この戦後日本にまで持ち越される〈女〉と〈性〉への日本人男性の歴史的体質は、良心派日本兵士をも深く規定しているが、男はそのことを問うことをあえてしない。ただこの現在を無言のままに流れて行くだけの今と、そのなかに無反省にある存在を肯定するのみだ。

侵略戦争は日本の男たちの性のあり様そのものを深く規定した。そしてそのことを知らない日本の女性に対し、性関係のポスト植民地情況にどう対応して良いのか判らぬまま、男はただ抑圧的関係性のみを求め続ける。このことに女が問いを発しても男は応えることができないし、応えることをせず、先送りし、戦後責任をそうしたように忘れようとする。そして女は虚しくその性の要求に応える。ここには国内に現象する戦争をめぐる情況がそのままある。そんななかで、二重に抑圧されていた朝鮮系日本軍兵士のみは、日本女性に対しても自らを開き、真の関係性を開示しようとする。しかしこのことは多くの敗戦日本人――三国人は敵だと断定し、それとの戦いに自らのアイデンティティを確立しようとする――には、三国人の日本人女性凌辱だと映る。そして、この身勝手で一方的な三国人への見方、憎悪はいや増す。

映画はポスト植民地戦争をどう表象するか

さて、映画はこの戦後闇市マーケットにおける抗争をどう描くか。映画はこの利権争い(抗争)が戦勝三国人の一方的で理不尽な論理による乗っ取りであり、この暴力に対しマーケットで商売する

「敗戦国」日本の平凡な生活人は、自らのくらしの場を守り続けることを願っているだけなのだ、と前提的に一貫して表象する。そして、三国人の一方的な攻撃によって、マーケットは危機に曝されていると主張する――その根拠はまったく示されぬままに、アプリオリに、この対立・抗争の図式は成立している。ここには、なぜ戦争があり、戦勝国があり、敗戦国があるのか、そして、なにより自己が今ある、この情況はどんな情況なのかを問うことはない。そもそもこの日本が朝鮮半島を勝手に併合し、そこで平穏に暮らしていた多くの人を、日本の労働力のために連行してきた結果、現在この国に多くの朝鮮人がいること、さらには半島においてその領土そのものを日本人の勝手な理由で収奪し、生活の場を奪い、言葉と名前までをも奪って、日本のために人も自然も使いつくし、女には慰安婦として強制的に戦地に動員した、昨日までの歴史――その労働力として連行されてきた者たちがこのマーケット戦争をめぐる人間としている――のことなど、映画は顧みることなどない。つまり、マーケット戦争に参集している朝鮮人の一人一人は、それぞれに日本の植民地主義的干渉の結果、彼らの現在があることなど無視して、ただ〈集団的悪〉として表象される。この一方的な日本的視点からは「三国人」は一人一人の実存などまったく無視された三国人という「塊」なのだ。そのことはまた男以外のマーケットにくらす日本人をも、その一人一人が戦争と戦後をどう生きたかの内実が描かれることなく、つまりその負の実存は見られることなく肯定され、ただ平凡で善良な日本人という弱い群れ(どこまでも被害者でしかない)として表象される。この弱い日本人の多くが、植民地朝鮮を凌辱していたことなど、加害者日本人は憶い出さない。そしてこの悪の集団と善の集団とが、どんな理由かも明らかにされぬままに映画では対立しているのである。映画は、昨日までの「東洋鬼子」はなんの反省のないままに、今日、平凡な生活人を演じ、そのことはまったく反省的に疑われることとなく、この現在のあり様だけが当然のこととして映画は進行する。この映画は——そして多くの戦後映画（特にヤクザ映画・実録映画）同様——、この日本の侵略と略奪と強姦の歴史をすべて切り棄て闇市戦争を描く。そして良心的平和映画においてもまた、被害者たる日本人は戦争の渦中、彼の地で生死の間を彷徨うだけなのであり、そこでどんなことが行われたかを映画は描かぬままに、どこまでも日本人は被害者なのだと表象する。大衆映画と良心映画は共犯し、そして、その過程で強烈さを増したナショナリズムは敗戦後の戦後責任を回避するために強力な武器となって現象し、アプリオリに悪い三国人、善い日本人という対立図式を描き出す。自らが行った植民地での行為への潜在的自意識は、内面で強い危機意識となって、かつての抑圧民衆へ向かい、過剰な自己防衛意識を集団的に形成する。戦前の抑圧意識は戦後の防衛意識に直線的に反転する。そして、映画においては、敗戦後というアジアから断絶された——それは作り出されたものだ——時間のなかで、世界への眼を封殺されたままに、戦争と世界への批判的視点を形成することのないまま、ただ一国主義的視点の裡で戦後世界を自国中心主義的に視ていたのだ。戦後日本にあったメルクマールは、唯一経済の復興のみであった——この映画の優れたファーストシーンが表象する世界こそ、この国の戦後の姿である。そして、この映画はこの戦後復興日本の現実を見事に表象しながら、そのことを梃子にポスト植民地主義戦争の帰結を問うことはない。

さて、この悪の三国人のなかにも塊りではなく名前(ただし日本人名)を持った人間はいて——そしてこの日本人名を持った日本人に従順な彼の内面は、日本人と同様に良き人であると設定される——、このマーケット戦争の回避をなんとかさぐろうとする。その日本人名を背負わねばならない朝鮮人は侵略「戦争」のなかで日本兵として戦い、その戦場で最も男らしい——上官にのみ顔を向けるのでもなく、下級兵には人種の区分なく接し、戦闘には最も前線で加わり、ある面理不尽なこの戦争に疑問を持っている——、日本人上官たる、映画の主人公=男(安藤)に心酔し、戦後のこの戦争のなかでもその男の意志を三国人側で受けとめ、そのことを三国人側に認めさせ、なんとか抗争だけは回避したいと、その元日本兵は思う。ただどこまでいっても、この朝鮮兵士の日本人上官への信頼は、そのキャラクターという男の私的個性へのものであって「日本軍」という武力装置の全体への批判を通してではないので、戦後的対立抗争のなかでは、その抗争そのものの批判とはならない。それゆえ、きわめて中途半端なものとなり、さらには自身の存在性そのものの揺らぎのなかで、どちらの側にも説得性を持たない。つまり男と朝鮮兵士との関係性はまったくヤクザ映画の「仁義」で結ばれているのであって、それがすべてである。だからこの朝鮮問題を問う映画は、常に重大局面で日本的ヤクザ=仁義関係の裡にすべての問題性が横すべりし回収される。そしてこの朝鮮兵士と男の関係は映画の全局面において、任侠世界の関係性の裡に持続し続け、映画の最終シーンまで続くのである。事態が重大な局面になると映画は、問題をヤクザ映画的世界へとすり換え、問題の本質に近づくことをしない。任侠映画はポスト植民地問題を曖昧化する。

映画のファーストシーンで交通事故によって運ばれてくる男——この朝鮮人兵士に「男」はついに朝鮮名を呼ぶことはない——が、その兵士であり、ラストでは「故国」に帰還することになるだろう。この男と朝鮮兵士との「義」の関係性に現出する関係性にも、明らかに戦争と植民地人、そして戦後日本におけるポスト植民地主義の問題——特に人と人との関係性——が鮮明に露出しているのだが、加藤たちはその歴史性を切り棄てた上で「義」の関係性というきわめて抽象的な構造のなかにポスト植民地主義の時代の二人の関係性の内実を宙吊りにする。この意図的な作為のなかに虚構された日本人＝朝鮮人の同志的関係構造はある。植民地出身の兵士と戦争とその軍隊内部の人間関係を任侠問題にすり変えてしまう、この無意識の作為のなかにも日本映画のアポリアは明確に見えてある。このことは、この国において「八月十五日の放送」によってあたかも開戦の詔勅をチャラにし、なにもなかったようにする日本人総体の心性とまったく変わらない意識構造がここにある。いずれにしろ、このイデオロギー操作によって、男に象徴される戦争責任と戦後責任は問われることなく、男も日本人もこの戦後を普通の生活人として生きているのだ。

そしてこの戦後は、なぜか「戦勝国」アメリカは姿を見せず——その変わりというのもへんだが「武装解除」されたはずの戦時中の武器はいたるところで出てくる——、映画はアクション映画として、最終抗争に至る前段階として、マーケットをめぐる権利書のやりとりや、九六同盟のマーケット人への様々の嫌がらせが、ステロタイプ化した日本映画と同じように、まさに実録映画のようにこれでもかと描き出される。そんななか「男」はマーケットの人間の窮状の訴えを聞いても、ヤクザ映画のヒーローの如く、一人このなかで行動を行うことなく寡黙に我慢し続ける。なにを我慢し、耐えるのかは、わからないが。彼は「殺し合うのはあの戦争だけでたくさんだ」と道学者の如き論理をかざして対立に介入することをさける。そして「因果応報は更なる戦いを産むだけだ」と、かつての侵略戦争がこのポスト植民地戦争を招来していることなどまったく見ず、この戦争から中立を装おい続ける。

同時に、日本ナショナリストたち、戦地からの帰還兵など(右翼学生を含めて)若者のなかではこの対立を、反日本人の日本人への敵対的三国人の反日戦争と呼号するグループが勃興し、意識的にナショナリズムが煽られ戦争が開始される。この右翼学生グループの一つこそ「安藤組」のモデルなのだろうが、彼らは一見して真っすぐな日本人としてあり、純粋な日本人として美しく散ることを建前としているのである。この美しく散る姿は、ある面特攻隊を思わせ、どこまでも「日本人が」唱われる。しかし「男」だけは「殺し合いはあの戦争だけでたくさんだ」と一人耐え続ける。しかし、なにに耐えるのか。この対立とはなにか。なぜ対立は生じているのか。男はこのことを問うことを回避し(多くの日本人がそうしたように)、回避する無責任さに耐え続ける。そして、マーケット全体が戦争へと傾いた時「罪のない平凡人を死なせるわけにはいかない」と——ヤクザ任侠映画を再演するようにヒロイズムのままに——一人戦争へと向かう。特攻隊を再演するように。この時、男はなぜか長ドス一本を持って。加藤はこう言っている。

例えば『男の顔は履歴書』を撮ったときなんかも、戦後のああいう連中の闘争であれば、当然武器として拳銃や機関銃を使うであろうという想定のもとに、あの闘争場面の影像を頭の中で組み立てていったんだけれど……ま、僕だけの感覚かもしれないけれどもどうも頼りない。気がいかない。「やっぱり日本刀でいこう!」ということになっちゃった記憶がありますけどね。

『加藤泰、映画を語る』

ここでは「三国人」問題――これまで私は批判的にこの映画を見てきたが――が一気に任侠ヤクザ映画に変換されたのである。勿論、映画は事実の描写ではない。そして映画でそんなことはできないのだから、どう演出しようと問題はない。けれども一貫して、三国人＝悪として表象し続けてきた映画が、一気に旧来的なヤクザ映画に転換された時、本来機関銃も南部式ピストルも登場するはず(使われたか否かは別問題である)の質を持ったポスト植民地主義戦争が、長ドスを使っての美学的任侠映画へと変わってしまうことになる。ここには一貫してイデオロギー的に三国人問題を表象しながら、表現様式においては任侠映画とするという、体制的な映画的詐術のなかで――加藤は意識していないが――見事に私たちが朝鮮問題と向き合う映画的表象の内実が露出してしまっているのではないか。この日本の内なる差別意識にあるポスト植民地問題の課題をヤクザ映画の美学的様式性へと変換させて映画として成立すること。ここには日本映画の内包する朝鮮問題への決定的アポリアが存在する。このように中途半端のままにこの問題を放置することで、逆にこの現実の日本に内在する朝鮮問題に関わる諸問題を問わないこと、いつまでも朝鮮人を悪の表象のままに放置し宙吊りにしておくことこそが、この国の朝鮮問題の表象の現実なのではないのか。そして、このことこそが、この国の朝鮮問題への無意識を支え続けている根拠なのではないのか。ヤクザ映画のように、三国人の暴力に耐え続けた日本人ヒーローが一人、無念の想いのなかに死んだ、美しく若い「日本人」の無念を背負って、顔のない集団を切り倒す。しかし、男は両者の対立を解消する手立てや調停をまったく行わないのみならず、ただ黙って無責任に事態をやり過ごす。自分だけはこの紛争を無関係であるかのように装いつつ、火中の栗はひろわない。戦後日本の外交姿勢をそのまま再演するかのように。そして、どん詰まりに至ってヤクザ映画のヒーローと同じように「悪」を切り棄てる。すると、「日本人」観客は圧倒的に、そのことに酔いしれる。この表象の全体性こそが、日本人の「三国人」意識の内実なのではないか。やがて中途半端のままに放置された問題は、放置されることによって一人歩きし、朝鮮問題へのステロタイプ化した一方的な日本人の朝鮮人意識をより強固に塗り固めることになる。「殺し合いはあの戦争だけでたくさんだ」「反逆は次の反逆を呼ぶ」という歴史的・社会的現実をぬきにした、一見きわめてモラリッシュな言葉が一人歩きし、その万古不変の真理が正しいかのように唱揚される時、その真理なるものは決定的なイデオロギー的言説となって、情況を追認し歴史からその内実をぬきとって（歴史修正主義）、日本ナショナリズムという自己肯定に終始する帝国主義的勝者の歴史だけを肯定することになるだろう。

男は、あのマーケットの生活人に対しても、自己のアリバイ証明をするように何度も「日本人はすぐ忘れる」「責任をとろうとしない」として、戦争中とその後の日本人の言動について批判的に言う。しかし、その言説には、自らも参加したあの戦争を全面的に反省して「日本人はなぜ侵略戦争を行ったのか」については問うことはせず、さらにそのなかで自分自身が行った行動についての問いはない(このことが、現在の男の女性に対する性意識に直接反映する)。だからこのポスト植民地主義戦争の渦中においても、ではその三国人がなぜ日本人を攻撃するのかについて、彼らとの関係的な歴史に照らして、自らに問いを発することはない。男は常に一方的に「敵」は攻めてくると疑わず——日本軍隊の論理と同じように——、しかしその抗争そのものを止める行動は絶対に行わない。抗争を抗争の内部で、抗争の論理でしか見ないのだ。そしてただ一人よがりに、この情況を先送りしようとする。それはかつての日本軍の——現実には侵略の——論理であった、我が国の権利が侵犯されたゆえに、敵に懲罰を与えるという論理をなぞって、戦争を意志するマーケット日本市民を結局、追認し、そして最後に日本人の無念を背負ってヒロイズムに酔ったままに、斬り込みを敢行するのだ。そしてその行動に現われていることは彼もまた、その一人よがりの論理のなかで、あの侵略戦争とこのポスト植民地戦争を再び行ったのだということなのだ。ここには〈戦争〉を超える、まったく別な視点と行動はない。戦後のある時期だけを、そしてある事象だけを抽象的に——歴史的社会的文脈のなかに位置づけ検証することなしに——取り出し、言いつのってみても、そのことは逆にきわめてイデオロギー的言説となってこの現在を肯定してしまうだろう。

先送りされ続ける「朝鮮」問題

そして最後に、あのファーストシーンの交通事故者と男との対決、というより遭遇に映画はもどる。あのポスト植民地戦争から十数年、すっかり復興した、新生日本資本主義の成長時代に、男はその闇市マーケット抗争のなかで、一人、三国人との真っ向からの切り合いの後の懲役を経て、医者として活動を再開している。その男の元に、あの戦中は日本人名を名乗る日本人兵士であり、闇市抗争のなかでも、常に男に任侠人のような義侠心を持ち続けていた男が、交通事故で運び込まれる。その患者は生死の境にいて、男の病院では手術は困難である。しかし患者を動かすことは彼を死へと追いやるだろう。そこにその朝鮮兵士の妻が現れる。妻は、あのマーケット戦争の時、男の看護婦をしていた女で、その時、男はその女を明らかに性の捌け口として遇してきていた。それでもその女は男に寄りそって、そんな男のすべてを助け続けていたではないか。その女は言う——現在の夫であるこの意識不明の男は「朝鮮」へと帰ることを希んでいる、と。

かつて戦地では日本名を名乗り、優秀な兵であり続け、戦後も日本人に「義」の心を持ち続けてきた元日本人兵士。今、死と向かい合う彼の希望は朝鮮へ帰ることであり、かつて男の性の相手であり、今はその元日本兵士である妻は朝鮮へとその男を連れて行くのだと言う。そして、そのことがその女の希望でもあるという。かくしてこの映画がそれまで表象し続けてきた問題のすべてが、この一瞬とこの空間に凝縮されて現出する。このシーンもまた圧倒的に緊張を孕んで見事である。男は手術を行うだろう。そして手術は成功するだろう。

朝鮮人元日本軍兵士とその妻の希望――この時代、「朝鮮」帰還運動もピークを迎えている――、この希望はかなえられるだろう。映画はそうした希望の成就と明るい未来を予感させている。

これまで良心的日本映画は、この帰還運動を圧倒的に肯定的に描き続けてきた。そして今日、実はこの運動は「北朝鮮」にある労働力不足を補うためのマヌーバーであって、故郷に帰った労働者たちを待ち受けていたのは地獄であり、彼らは差別的扱いを受け、喰うことにも窮しているという言説(そのことを私は否定するものではない)がその後、流布され、このことはイデオロギーとなって、マスコミ全体を覆っている。その結果、だからこうしたこと(帰還運動の持つ希望的側面)を描き続けてきた良心的映画の表象の一切をなかったこととして日本の映画界は封印しようとしている。そして、七〇年代以降、日本の映画界から実録映画のなかのエピソードは別として「三国人」問題を正面から問う映画はなくなった。しかし問題は、この日本で私たちが問わねばならない問題は別のことではなかったか、ということなのだ。

それは本来、この日本において問わねばならなかった朝鮮併合から戦後の三国人問題までの一切を、この日本人の問題として問うことを放棄していた私たちのあり様を問うことをやめ、常に先送りし続けてきたそのことではないのかということなのだ。そして帰還問題が起きるや、そのことに便乗して、朝鮮人帰還によって私たちの内なる朝鮮問題をも送り還してしまったことだ。そして、私たちが問うべきことを放棄していたこの私たち自身の歴史への責任のことである。そしてまた、この映画においてもそうであるように、三国人問題を――正面から描いたと自己に言いつのって安心し――その全歴史において、深く人間の問題として捉えてはいないのではないか、という問題なのだ。改めて、私たちは朝鮮問題と正面から向き合わねばならない。

追記

この小論を書き上げた後で、私は現代日本の優れた映画批評家である山根貞男の「加藤泰論」(『映画狩り』所収、現代企画室刊)を読んだ。そこに山根は、彼の敬愛する加藤へのほとんどオマージュともいえる文章を載せているのだが、なぜかこの『男の顔は履歴書』に関しては、そのストーリーを短く紹介している(大変情緒的に。しかし、その内容に関しては私も異議を持つものではない)だけであって、ここでの加藤の「三国人」表象の内実――端的には「顔」の表象――に関しては、まったく触れてはおらず、この文章を読む限りでは、加藤のこの映画は日本人の朝鮮人認識問題への、これまでの日本人による言説とは違う、加藤の独自な視点を提出したものであり、また、この問題を日本映画としては意識的に取り扱ったきわめて特異な作品として評価しているのだと思う。そして確かに、一面的にはそのとおりなのであり、私もそのこと――日本人の朝鮮・韓国人に対する差別意識に対し、加藤が強く批判的であること――を否定するものではない。

しかし、山根は映画という表現形式の根幹に関わる加藤の「三国人」表象(ストーリー性ではなく)には、まったく触れてはいないのだ。おそらくそれまでの映画批評を超えて——イデオロギー批評としてではなく——映画の映像表象それ自体への批評をその方法とした山根が、なぜ、この映画に関してはストーリー紹介で、事を終えてしまったのか、いささか疑問とせざるをえない。

この日本映画に特有な映像表象——悪顔の三国人と善顔(戦前のあり様を切り棄てた上での戦後的生活人)の日本人という二分法——によって、映画は決定的に「三国人」のイメージ形成をなし、現在に至るまで朝鮮・韓国人のイメージを集約的に作り上げてきた。そしてこの『男の顔』においても習慣の裡にこの日本映画の自明的表象をなぞってはいないのか。さらにこの映画以後の実録ヤクザ映画はこの映画を追認するように、常に悪の「三国人」像を描き続ける。

六〇年代の映像表象のなかで——この朝鮮問題以外の表象それ自体はすべて問い直され始めたのに——唯一、この三国人イメージ表象に関しては、まったく問い直されることなしに日本映画の伝統(習慣)のなかにかかえこまれたままに延々と作られ続けた。このことは大きく問題にしなければならない(良心的思想=映画のなかのこの無意識)。

まして、直接に植民的生活を蹂躙していないとしても、生まれたときから日本ナショナリズムの洗礼を受けた、学生あがりの観念的ナショナリスト(伊丹一三)とこの日本で(戦前の在日第二世代)生を享け、「日本語」しか話せない在日の若い女性・李恵春(真理明美)との悲恋物語にだけは、この「三国人」表象とは別に、おそろしくユートピア的な、というより抽象的な境界を超えた「万古不変」の愛を加藤が表象するのはなぜか。このことに山根は「日本の女優としてはむしろ西洋的な顔貌の真理明美をして、こうまで美しいアジアの女を演じさせる演出者・加藤泰の東洋の女への深い愛をみる想いがした」と書くことの問題性である。確かに、この二人の断絶された悲恋物語は美しいし、真理も伊丹も――特に真理は――、この凄惨な物語のなかで、超絶したその悲恋はそれだけで充分に、この映画全体とは別の世界の悲恋物語として、形容もできないほどに愛の至高性を訴えているようにみえる。

けれど、この二人の恋と死とが至高のものであればあるほど、こうした歴史と状況を超越した「万古不変」の愛で「三国人」表象を忘れるわけにはいかないのだ、と思わざるをえない。あえて言えば、抽象的な二人の愛の物語だけは、三国人対日本人の抗争とは別の純粋な愛の物語――まさかここに、差別を超える根拠をみているわけではなかろう――、愛の至高性の物語としてある、と単純に称揚するわけにはいかないのだ――愛を貫くためには、この歴史と状況とに抗し、それを突破しなければならず、単純に悲恋の裡で完結させ、そこに「美」を見出すのでは、それは作り手の自己満足にしかならず、生きた日＝朝人間の愛の関係性を作り出すことにはならない。

そして、あの三国人の「顔」の表象とは別に特別な「女」だけを抽象して、特権的に美しく描き出すことのなかには、やはり加藤の「映画という制度」――愛の関係性は万古不変であり、映画はそのことを描くものだ――への想いこみがあることを指摘しない批評には問題があるのではなかろうか。問題は日本語しか話せない存在となった在日の若い女と、きわめて観念的で固定的な日本像を至上のものとして体質化した若い日本人のナショナリストがかかえこんだ二人の状況を、戦争と侵略の歴史と、東北アジア関係史のなかに検証し、その全景のなかに見つめ直すこと——美しい哀切なメロドラマだけに封印するのではなく——こそを映画的に構想することが必要だったのではないのか。

私は山根貞男の「加藤泰論」を共感を持って読んだけれど、映画という表現様式の根幹に関わる映像表象の問題に関してだけは、なぜ山根がそのことを問おうとしないのかが分からないのだ。なぜ、李春恵は朝鮮語が話せず、なぜ観念的日本人ナショナリスト伊丹は愛という国家をも超絶する関係性の生成に関しても、自己を呪縛する天皇制と国家と対峙することを通して、女への愛を希求するのではなく、国家という観念の裡に縛られたままに、愛の関係性を断ち切ってしまったのか——このことが「悲恋＝メロドラマ」に完結され、「美」という抽象世界の関係性として終わらせてしまうのではなく、そのことそのものを問う映画的問いを作り出せなかったことを問い直したい。

戦前・戦中・戦後史の検証のなかで、「国家」を刺し貫く「愛」のイメージの成立と不成立とを問うこの時代のなかの、国境を越える愛の物語が紡がれねばならない。

天皇制「帝国主義」国家は終わったかに見えるが、天皇制「社会」はまったく不変のままに今日も持続するなかで、そのアイデンティティの統一に苦慮していた日本人の目に、敗戦まで見えなかった「三国人」という存在性が突然に見出されたことへの恐怖心を伴う違和感は、それゆえに現前した「敵」として徹底的な暴力的対決を要請するものとしてあった。それまで日本人でしかなかった存在が、朝鮮人であるという出自を明確にするとき、日本人の目にはその存在は社会的悪徳としかありえなかった。そして「敵は殺せ」という最も単純なイデオロギーは発効され「三国人」狩りは強行される。ここでは三国人に人格など存在しえない。だからこそ、その「顔」は一応に特別な悪として認識され、表象される。

そして「映画」はその表象を支える中心としてある。そのことを批判しない「批評」もまた、映画と同じ質を持ち、運動的な批評とは言い難い。今日こそ批評は必要である。

映画『男の顔は履歴書』(一九六六年、松竹大船作品)
製作・升本喜年
監督・加藤泰
脚本・星川清司、加藤泰
撮影・高羽哲夫
美術・梅田千代夫
音楽・鏑木創
出演・安藤昇、中谷一郎、中原早苗、伊丹一三、真理明美、内田良平、嵐寛十郎

あとがき

「一九六八年はすべてを変えてしまった年ではなかった。それまでにあまりに多くのことが進行しつつあった。だが〈六八年〉以後はほとんど何ひとつもとのままではなかった」(ノルベルト・フライ『1968年』)。たしかにそうなのだが、しかし、この現在のなんとも暗澹とした無惨な情況はどうしたことであろうか。現実は決定的にネオ・ファシズム社会としてあり、そのなかでだれもがそのことに感応しないばかりか、このネオ・ファシズム社会のなかで喜々として、この現実を受け入れているのではないか。

この現状を問うためにも、私はあの〈六八年〉に改めて眼を向け直すしかないのではないかと思う。しかし、〈六八年〉とは六〇年代のいわゆる、「アパシー」状況の下での様々な文化的問い直しの集積の上に、初めて〈六八年〉としての突出した情況があるのであり「六八年」という特別な時間が降ってきたわけではないことを確認し、その上で、六〇年代の大衆文化＝映画を再検証することで、あの時代の問いを改めて今日の視点で追体験することを試みた、それが本書である。

先日、練馬区立美術館で開催された「麻田浩展」を観る機会があった。私はこの画家については、その名前ぐらいしか知らず、画業に関してはほとんど識ってはいなかった。

しかし、現実に彼の多様な試行を観ることで、その終末の幻想・廃墟のイメージに、私は捉えられ、彼のタブローの一枚、一枚が持つ今日性に撃たれたのであった。同時にその幻想の基底に潜む、生き生きとした細部の突出した現実の透明感に、彼の原風景のあり様を想って、そこに私にとっての〈同時代〉性をも観ることができたのである。

同時に私は、例えばドイツの映画監督M・ハネケの『白いリボン』を想い出し、その静謐な映像のなかに潜むファシズムの情動を思い返していた。さらに旧いポーランド映画『尼僧ヨアンナ』(監督J・カヴァレロヴィッチ)の現代性と同質のものを麻田の「画」のなかに観たように思うのだ。その他、何人かの詩人たちの「詩」などを思い返し、そうした様々な営為が、その内実における〈同時代〉性において共鳴し合っていることを改めて思ったものである。

その時代のなかで生み出された個別な文化的営為は、その内実において、時代をそこに生きる人間との内的格闘があればあるほどに、その問いは時代や場所性を超えて、今、ここにある私の同時代的営為として、私(たち)に鋭い批判となってあり続けている。

そして、絵画とは映画出現以前の「映画」であることを改めて思った。

本書で採り上げた――採り上げたい六〇年代映画はもっと多いのだが――「映画」については、

私はかなり以前から様々なところで、その〈面白さ〉について語ってきており、回顧上映の機会などには近しい人々に声をかけたりしていた。そんな折、映画の後の酒席での雑談が本書に多くの示唆を与えていることは確かだと思う。そうした機会に共席してくれた、小松範任さん、和田周さん、そしてなにより天野恵一さん、三井峰雄さんなどに感謝したいと思う。まだ、映画『断食芸人』（監督・足立正生）製作・上映過程における足立さんとの共同行動もまた本書を書く根拠となっている。そして、本書のいくつかの論考を書くもとになった短いエッセイを書く機会をつくってくれた、小冊子『街から』の編集部にも感謝したい。

本書の問題意識を面白がり（実は「麻田浩展」も彼と一緒した）、彩流社に出版の橋渡しをしてくれた『図書新聞』の須藤巧さんに感謝。

そして本書の意図を理解され、出版を引き受けてくれ「本」にしてくれたのは、彩流社の河野和憲さんである。河野さんの的確な「読み」はたいへん有り難かったし、彼の熱意が本書の出版を可能としたのだ。深謝。また、私の象形文字の如き書き文字で苦労されたと思う作業現場の方々に感謝。本書が様々なところで議論を喚起してくれると良いのだが。

今回、本書のなかにはスチール写真をあえて使わなかった。スチールを数葉入れることで「映画本」の雰囲気を醸し、納得してしまうことに疑問があったからだ。そのかわりに本書には、内容に触発された「イラスト」を自由に描いてもらい、入れることにした。描いてくれたのは、美術家で足立監督の『断食芸人』のスタッフであり、ラストカットの〈オブジェ〉を製作した山村俊雄さんである。前著もお世話になったが、本当にありがとう。

そして装丁は宗利淳一さんにしていただいた。若い出版社などの問題作の装丁を行っている、宗利さんの刺激的なデザインに感謝したい。

この本が、できるだけ多くの方々の眼にとまり、様々に議論を巻き起こすことを願っておきたい。

二〇一八年一月

著者

【著者】
小野沢稔彦
…おのざわ・なるひこ…

1947年、埼玉県生まれ。映画・プロデューサー、監督、脚本、批評家。主な著書に『大島渚の時代』(毎日新聞社)、『燃ゆる海峡—NDUと布川徹郎の映画／運動に向けて』(共編著、インパクト出版会)、『境界の映画／映画の境界』(れんが書房新社)等がある。

Sairyusha

〈越境《えっきょう》〉の時代《じだい》

二〇一八年二月二十日　初版第一刷

著者――小野沢稔彦
発行者――竹内淳夫
発行所――株式会社 彩流社
〒102-0071
東京都千代田区富士見2-2-2
電話：03-3234-5931
ファックス：03-3234-5932
E-mail：sairyusha@sairyusha.co.jp

印刷――明和印刷(株)
製本――(株)村上製本所
装丁――宗利淳一
装画――山村俊雄

ISBN978-4-7791-2437-2 C0074

http://www.sairyusha.co.jp

フィギュール彩

〈既刊〉

⑪ 壁の向こうの天使たち

越川芳明◉著

定価（本体 1800 円＋税）

天使とは死者たちの声なのかもしれない。あるいは森や河や海の精霊の声なのかもしれない。「ボーダー映画」に登場する人物への共鳴。「壁」をすり抜ける知恵を見つける試み。

㊼ 誰もがみんな子どもだった

ジェリー・グリスウォルド◉著／渡邉藍衣・越川瑛理◉訳

定価（本体 1800 円＋税）

優れた作家は大人になっても自身の「子ども時代」と繋がっていて大事にしているので、子どもに向かって真摯に語ることができる。大人（のため）だからこその「児童文学」入門書。

㊵ 編集ばか

坪内祐三・名田屋昭二・内藤誠◉著

定価（本体 1600 円＋税）

弱冠32歳で「週刊現代」編集長に抜擢された名田屋。そして早大·木村毅ゼミ同門で東映プログラムピクチャー内藤監督。同時代的な活動を批評家·坪内氏の司会進行で語り尽くす。

フィギュール彩

《既刊》

㊴1979年の歌謡曲

スージー鈴木◉著

定価(本体1700円+税)

「大変だ、スージー鈴木がいよいよ見つかる」(ダイノジ・大谷ノブ彦、ラジオパーソナリティー)。ＴＶ全盛期、ブラウン管の向こう側の歌謡曲で育った大人たちの教科書。

㉜レノンとジョブズ

井口尚樹◉著

定価(本体1800円+税)

レノンとジョブズの共通点は意外に多い。既成のスタイルをブチ破ったクリエイターたち。洋の東西を問わず愚者(フール)が世界をきり拓く。世界を変えたふたりの超変人論。

㉛J-POP文化論

宮入恭平◉著

定価(本体1800円+税)

「社会背景がJ-POPに影響をもたらす」という視座に基づき、数多ある議論を再確認し、独自の調査方法を用いて時代と共に変容する環境とアイデンティティの関連を徹底考察。